André Comte-Sponville

Woran glaubt ein Atheist?

Spiritualität ohne Gott

Aus dem Französischen von Brigitte Große

Diogenes

Titel der 2006 bei Éditions Albin Michel, Paris,
erschienenen Originalausgabe:
›L'esprit de l'athéisme. Introduction
à une spiritualité sans Dieu‹

Nachweis der zitierten Übersetzungen
am Schluss des Bandes
Umschlagillustration:
Paul Klee, ›Östlich-süß‹, 1938
Ölfarbe auf Papier auf Jute, 50 x 66 cm,
Acquavella Galleries, New York

www.diogenes.ch
120/08/52/1
ISBN 978 3 257 06658 6

Inhalt

Vorwort 9

1 *Kann man auf Religion verzichten?* 13

Was ist Religion? 16
Ein persönliches Zeugnis 20
Trauer und Rituale 22
Keine Gesellschaft kann auf Kommunion verzichten... 27
... noch auf ein Bekenntnis 35
Nihilismus und Barbarei 41
Was bleibt vom christlichen Abendland, wenn es nicht mehr christlich ist? 44
»Christlicher Atheist« oder »assimilierter Goi«? 48
Zwei Rabbiner, ein Dalai Lama und ein Mann aus dem Périgord 54
Was ändert sich, wenn man den Glauben verliert? 57
Die zwei Versuchungen der Postmoderne 61
Fröhliche Verzweiflung 67
Das Paradies und die Liebe 72

II *Gibt es Gott?* 83
Eine vorläufige Definition 86
Atheismus oder Agnostizismus? 88
Vom Fanatismus oder Die Gefährlichkeit der Religionen 95
Die Schwäche der Gottesbeweise 98
Der ontologische Gottesbeweis 98
Der kosmologische Gottesbeweis 101
Das Mysterium des Seins 105
Der physiko-theologische Gottesbeweis 107
Mangelnde Beweise – ein Grund, nicht zu glauben 110
Die Schwäche der Erfahrungen 115
Eine unverständliche Erklärung 122
Das Übermaß des Bösen 131
Das Mittelmaß des Menschen 140
Wunsch und Illusion 145
Das Recht, nicht zu glauben 154

III *Welche Spiritualität für Atheisten?* 157
Spiritualität ohne Gott? 160
Mystik und Mysterium 166
Immansität 170
Das »ozeanische Gefühl« 177
Eine mystische Erfahrung 183
Vom Schweigen sprechen? 188
Mysterium und Evidenz 190
Fülle 192
Einfachheit 195
Einheit 198
Schweigen 200

Ewigkeit 202
Gelassenheit 205
Annahme 208
Unabhängigkeit 217
Tod und Ewigkeit 220
Mystik und Atheismus 223
Das Absolute und das Relative 226
Spiritualität im Alltag 229
Innerlichkeit und Transzendenz, Immanenz und Offenheit 232

Schluss: Liebe, Wahrheit 237

Vorwort

In den letzten Jahren war eine Wiederkehr der Religion von beeindruckendem, manchmal besorgniserregendem Ausmaß zu beobachten. Dabei denkt man zunächst an die muslimischen Länder. Aber es deutet alles darauf hin, dass der Westen gegen dieses Phänomen, auch wenn es anders auftritt, keineswegs gefeit ist. Eine Wiederkehr der Spiritualität wäre nur zu begrüßen. Eine Wiederkehr des Glaubens kein Problem. Aber eine Wiederkehr des Dogmatismus, des Obskurantismus, des Fundamentalismus, ja des Fanatismus? Nichts wäre schlimmer, als ihnen das Terrain zu überlassen. Der Kampf für die Aufklärung geht weiter, und er war selten so dringlich, denn die Freiheit steht auf dem Spiel.

Gegen die Religion kämpfen? Nein, das wäre der falsche Gegner. Besser für die Toleranz, für die Trennung zwischen Kirche und Staat, für die Freiheit des Glaubens und des Unglaubens. Den Geist kann niemand für sich allein in Anspruch nehmen. Die Freiheit auch nicht.

Ich wurde christlich erzogen und bin darob weder verbittert noch böse, im Gegenteil. Dieser Religion, also auch dieser Kirche (in meinem Fall der katholischen) verdanke ich einen Großteil dessen, was ich bin oder zu sein versuche. Meine Moral hat sich seit der Zeit, da ich noch gläubig war, kaum verändert. Mein Empfinden auch nicht. Selbst mein Atheismus ist vom Glauben meiner Kindheit und Jugend geprägt. Warum sollte ich mich dessen schämen? Es gibt ja gute Gründe dafür. Es ist meine oder, besser gesagt, unsere Geschichte. Was wäre das Abendland ohne das Christentum? Was wäre die Welt ohne Götter? Atheismus heißt nicht Gedächtnisverlust. Der Glaube gehört zur Menschheit, der Unglaube auch, und keins von beiden ist allein ausreichend.

Obskurantismus, Fanatismus und Aberglauben dagegen sind mir ein Greuel. Nihilismus und Lauheit ebenso. Spiritualität ist eine viel zu wichtige Angelegenheit, um sie den Fundamentalisten zu überlassen. Und Toleranz ein zu kostbares Gut, um sie mit Gleichgültigkeit oder Nachgiebigkeit zu verwechseln. Nichts wäre schlimmer, als in einem tödlichen Stellungskrieg zwischen dem Fanatismus (welcher Glaubensrichtung auch immer) der einen und dem Nihilismus der anderen Seite eingekesselt zu werden. Besser an allen Fronten kämpfen, ohne sie durcheinanderzubringen oder ins jeweilige Gegenteil zu verfallen. Unser Kampf soll dem Laizismus dienen. Die Atheisten müssen nur noch die passende Spiritualität erfinden. Dazu soll dieses Buch beitragen. Es ist bewusst kurz und zugänglich gehalten, um schneller zum Wesentlichen zu kommen und möglichst viele Menschen zu erreichen. Das scheint mir dringend geboten. Gelehrsamkeit und wissenschaftliche Debatten können warten; die Freiheit des Geistes nicht.

Was ist das Wichtigste? In Hinblick auf die Spiritualität scheinen mir drei Fragen bedeutsam: Kann man auf Religion verzichten? Gibt es Gott? Wie könnte eine Spiritualität für Atheisten aussehen? Fehlen nur noch die Antworten.

Darum geht es auf den folgenden Seiten. Atheisten haben nicht weniger Geist als andere. Warum also sollten sie sich weniger für das spirituelle Leben interessieren?

1

Kann man auf Religion verzichten?

Fangen wir mit dem Einfachsten an. Gott steht per definitionem über uns. Für die Religionen trifft das nicht zu. Sie sind menschlich – allzu menschlich, wie manche meinen – und als solche der Erkenntnis ebenso zugänglich wie der Kritik.

Gott, falls es ihn gibt, ist transzendent. Die Religionen sind Teil der Geschichte, der Gesellschaft, der Welt (also immanent).

Gott gilt als vollkommen. Keine Religion könnte das je sein.

Die Existenz Gottes ist ungewiss (das ist Gegenstand des zweiten Kapitels). Die der Religionen nicht. Daher sind die Fragen, die sie aufwerfen, weniger ontologischer als definitorischer und soziologischer Natur: Nicht, ob sie existieren (leider machen sie manchmal den Eindruck, als täten sie es nur allzu sehr!), ist die Frage, sondern, was sie sind und ob man darauf verzichten kann. Mir liegt besonders an dieser letzten Frage. Sie lässt sich allerdings nicht beantworten, ohne dass man die andere wenigstens streift.

Was ist Religion?

Der Begriff »Religion« ist so umfassend und heterogen, dass es schwer ist, zu einer vollkommen befriedigenden Definition zu kommen. Was haben Schamanismus und Buddhismus, Animismus und Judaismus, Taoismus und Islam, Konfuzianismus und Christentum miteinander gemein? Ist es womöglich falsch, dasselbe Wort auf all diese Erscheinungen anzuwenden? Ich denke es fast. Viele dieser »Religionen«, besonders die orientalischen, scheinen mir eher eine Mischung aus Spiritualität, Moral und Philosophie zu sein als eine Religion in dem Sinne, wie wir das Wort gewöhnlich verstehen. Sie haben weniger mit Gott zu tun als mit dem Menschen oder der Natur. Weniger mit Glauben als mit Meditation; ihre Praktiken sind eher Übungen oder Aufgaben als Riten; ihre Anhänger bilden eher Schulen des Lebens oder der Weisheit als Kirchen. Das trifft besonders auf Buddhismus, Taoismus und Konfuzianismus zu, zumindest in ihrer reinen oder gereinigten Form, das heißt, frei von dem Aberglauben, der sich in jedem Land dem Corpus der Lehre anlagert und sie manchmal fast unkenntlich macht. In diesem Zusammenhang war schon von atheistischen oder agnostischen Religionen die Rede, und so paradox dieser Ausdruck in unseren Ohren auch klingen mag, spricht doch einiges für ihn. Buddha, Lao Tse oder Konfuzius sind weder Götter, noch berufen sie sich auf irgendeine Gottheit oder eine Offenbarung, einen personalen oder transzendenten Schöpfer. Sie sind nichts anderes als freie oder befreite Menschen – Weise oder spirituelle Lehrer.

Nun, ich bin weder Ethnologe noch Religionshistoriker. Ich stelle mir als Philosoph die Frage nach der Möglichkeit, ohne Religion gut zu leben. Das setzt voraus, dass man weiß, wovon man spricht. Eine Definition also, und sei sie noch so annähernd und vorläufig. Oft zitiert, weil sehr erhellend, wird Durkheims Definition der Religion im ersten Kapitel seiner *Elementaren Formen des religiösen Lebens:* »Eine Religion ist ein solidarisches System von Überzeugungen und Praktiken, die sich auf heilige, d.h. abgesonderte und verbotene Dinge, Überzeugungen und Praktiken beziehen, die in einer und derselben moralischen Gemeinschaft, die man Kirche nennt, alle vereinen, die ihr angehören.« Einige Punkte könnte man diskutieren (das Heilige ist nicht nur abgesondert und verboten, sondern auch verehrungswürdig; nicht jede Gemeinschaft von Gläubigen ist notwendig eine Kirche, usw.), nicht aber die allgemeine Richtung. Auffallend ist, dass hier nicht explizit von einem oder mehreren Göttern die Rede ist. Das kommt daher, dass nicht alle Religionen Götter haben, wie Durkheim anmerkt, der atheistische Jainismus beispielsweise oder der Buddhismus, »eine Moral ohne Gott und ein Atheismus ohne Natur« (ein von Durkheim zitierter Ausdruck Eugène Burnoufs, eines großen Orientalisten des 19. Jahrhunderts). Jeder Glaube an Gott ist religiös; aber nicht jede Religion beinhaltet den Glauben an Gott.

Durkheims Definition, die um die Begriffe des *Heiligen* und der *Gemeinschaft* kreist, umreißt etwas, was man als weitere, soziologische oder ethnologische Bedeutung des Wortes »Religion« bezeichnen könnte. Da ich aufgrund meiner Geschichte in einem monotheistischen Universum, genauer gesagt, im Feld der abendländischen Philosophie verankert bin, möchte ich eine engere, weniger ethnologische als theologische oder metaphysische Bestimmung vorschlagen, die eine Art Untermenge bildet. Eine Religion ist in unseren Ländern fast immer das Bekenntnis zu einer oder mehreren Gottheiten. Wenn man also die beiden Bedeutungen des Wortes verbinden will, ohne sie zu verwechseln, wozu die Sprache drängt, ergibt sich die folgende Definition, die jene Durkheims aufgreift und erweitert: Ich nenne »Religion« jedes auf heilige, übernatürliche oder transzendente Dinge (das ist der weitere Sinn des Wortes), insbesondere auf einen oder mehrere Götter (das ist der engere Sinn) ausgerichtete organisierte Ganze aus Glaubensinhalten und Riten, die jene, die sich in ihnen wiedererkennen oder sie praktizieren, in ein und derselben moralischen oder spirituellen Gemeinschaft vereinen.

War der ursprüngliche Buddhismus eine *Religion* in diesem Sinne? Ich bin mir da nicht sicher. Buddha hat nie die Existenz irgendeiner Gottheit behauptet, und es ist zweifelhaft, ob er und seine am wenigsten abergläubischen Schüler Wörter wie »heilig«, »übernatürlich« oder »transzendent« mit irgendeiner Wirklichkeit in Beziehung setzten. Unzweifelhaft ist aber aus dem historischen Buddhismus mit seinen unterschiedlichen Strömungen eine Religion *geworden* – mit Tempeln, Dogmen, Riten, Gebeten, heiligen oder angeblich übernatürlichen Objekten. Ähnlich verhält es sich mit dem Taoismus und dem Konfuzianismus. Welche Weisheit am Anfang! Welcher Aberglaube im Lauf der Jahrhunderte! Das Bedürfnis, an etwas zu glauben, triumphiert fast überall über den Wunsch nach Freiheit.

Das Mindeste, was sich sagen lässt, ist, dass auch das Abendland dem nicht entgeht. Auch hier gab es Schulen der Weisheit, die bald von einer Religiosität überlagert wurden, die sie ursprünglich fernhalten wollten. Glaube und Vernunft, *mythos* und *logos* bestehen nebeneinander – das nennt man Kultur. In unseren Breiten hat man über Jahrhunderte mit der Transzendenz gelebt. Wie sollten wir nicht davon geprägt sein? Der Animismus ist gestorben. Der Polytheismus ist tot. Und ich trauere ihnen nicht nach, ganz im Gegenteil! Das ist, zeigt Max Weber, ein erster Schritt zur Rationalisierung des Wirklichen. Die Natur ist wie entleert von Göttern – es bleibt die Leere der Wüste und »die großartige, allgegenwärtige Abwesenheit«, wie Alain es formulierte. Diese ist allerdings sehr lebendig. Judentum, Christentum und Islam sind eindeutig Religionen im engeren Sinne meiner Definition. Und für die westliche Welt sind diese drei monotheistischen Religionen von herausragender Bedeutung.

Ein persönliches Zeugnis

Kann man auf Religion verzichten? Das hängt natürlich davon ab, von wem oder wovon die Rede ist: Was heißt »man«?

Handelt es sich um Individuen? Da kann ich nur mein persönliches Zeugnis beisteuern: *Ich* kann sehr gut auf Religion verzichten!

Ich weiß, wovon ich spreche, weil ich vergleichen kann. Ich bin nicht nur christlich erzogen, ich habe an Gott geglaubt, mit einem sehr lebendigen, wenn auch von Zweifeln durchzogenen Glauben, bis ich ungefähr achtzehn war. Dann verlor ich den Glauben, und es war wie eine Befreiung: Alles wurde einfacher, leichter, offener, stärker! Es war, als ob ich aus der Kindheit mit all ihren Ängsten und Schrecken, ihrer Schwüle und ihren Sehnsüchten heraus- und endlich in die reale Welt einträte, in die Welt der Erwachsenen, in die Welt des Handelns, in die Welt der Wahrheit ohne Gnade und Vorsehung. Welche Freiheit! Welche Verantwortung! Welcher Jubel! Ja, ich habe das Gefühl, besser zu leben, seit ich Atheist bin, klarer, freier, intensiver. Das kann aber keinesfalls als allgemeines Gesetz gelten. Zahlreiche Konvertiten könnten das Gegenteil bezeugen: dass sie besser leben, seit sie glauben, ebenso wie viele Gläubige, die von jeher der Religion ihrer Eltern anhängen, bestätigen werden, dass sie das Beste in ihrem Leben dem Glauben verdanken. Was kann man daraus schließen, außer dass wir verschieden sind? Mir genügt diese Welt: Ich bin Atheist und zufrieden damit. Andere, wahrscheinlich ein größerer Teil der Bevölkerung, sind mit ihrem Glauben nicht weniger zufrieden. Vielleicht brauchen sie einen Gott zum Trost, zu ihrer Sicherheit oder als Zuflucht vor Sinnlosigkeit und Hoffnungslosigkeit (das ist die Bedeutung von Kants »Postulaten der praktischen Vernunft«) oder auch nur, um ihr Leben in einen Zusammenhang zu stellen – weil die Religion ihren tiefsten Gefühlen oder ihrer spirituellen Erfahrung entspricht, ihrem Empfinden, ihrer Erziehung, ihrer Geschichte, ihrem Denken, ihrer Freude, ihrer Liebe ... lauter achtbare Gründe. »Unser Bedürfnis nach Trost ist unstillbar«, sagte Stig Dagerman. Auch unser Bedürfnis nach Liebe und Schutz ist unstillbar, und jeder versucht, mit seinen Bedürfnissen halbwegs zurechtzukommen. Barmherzigkeit für alle!

Trauer und Rituale

Was ist die größte Stärke der Religionen? Nicht, wie oft behauptet wird, die Beruhigung der Gläubigen angesichts ihres eigenen Todes. Die Aussicht auf die Hölle ist jedenfalls sehr viel beängstigender als die Aussicht auf das Nichts. Das war übrigens das Hauptargument Epikurs gegen die Religionen seiner Zeit: dass sie dem Tod eine Realität zusprechen, die er nicht hat, und so die Lebenden absurderweise in der Angst vor einer eingebildeten Gefahr (der Hölle) festsetzen, die ihnen jede Freude am Dasein vergällt. Wogegen Epikur lehrte, dass der Tod nichts sei, weder für die Lebenden, weil er nicht da ist, solange sie leben, noch für die Toten, weil sie nicht mehr sind. Furcht vor dem Tod heißt also Furcht vor dem Nichts. Damit ist man die Angst (die unsere Psychiater als Furcht ohne reales Objekt definieren) nicht los, verweist sie aber auf ihren Platz und kann sie besser überwinden. Es ist unsere Phantasie, die erschrickt. Es ist die Vernunft, die beruhigt. Vom Nichts ist, wenn man es genau bedenkt, per definitionem nichts zu befürchten. Was aber ist erschreckender als die Aussicht auf ewige Verdammnis? Viele Christen glauben allerdings nicht mehr daran. Die Hölle wäre dann nur noch eine Metapher, das Paradies hingegen buchstäblich zu nehmen. Der Fortschritt ist nicht aufzuhalten.

Atheisten haben solche Sorgen nicht. Sie akzeptieren ihre

Sterblichkeit, so gut sie können, und bemühen sich, das Nichts zu ertragen. Wird es ihnen gelingen? Sie machen sich darum nicht allzu viele Gedanken. Der Tod wird alles mit sich nehmen, einschließlich der Angst, die er ihnen einflößt. Das irdische Leben ist ihnen wichtiger, und es genügt ihnen.

Bleibt der Tod der anderen, und der ist bei weitem realer, schmerzhafter, unerträglicher. Hier steht der Atheist arm da. Der Tod raubt ihm das über alles geliebte Wesen – Kind, Vater, Mutter, die Gefährtin oder den besten Freund. Und ihm bricht es das Herz. Für den Atheisten gibt es keinen Trost, keine Wiedergutmachung, höchstens ein wenig Linderung bei dem Gedanken, dass der andere wenigstens nicht mehr leiden, das Entsetzliche nicht mehr ertragen muss, diesen Verlust, diese Grausamkeit... Es wird lange dauern, bis der Schmerz allmählich abklingt, erträglicher wird, bis die Erinnerung an den Verlorenen sich aus der anfänglich klaffenden Wunde nach und nach in Sehnsucht, Zärtlichkeit, Dankbarkeit, ja manchmal fast eine Art Glück verwandelt... Erst sagt man sich: »Wie grausam, dass dieser Mensch nicht mehr ist!« Nach ein paar Jahren denkt man: »Wie gut, dass er gelebt hat, dass wir uns begegnet sind, dass wir einander kannten und liebten!« Trauerarbeit: Arbeit der Zeit und der Erinnerung, des Annehmens und Bewahrens. Das geht natürlich nicht von heute auf morgen. Zuerst ist es nur schrecklich; nur schmerzhaft; und kein Trost weit und breit. Wie gern würde man jetzt an Gott glauben! Wie beneidet man jetzt die Gläubigen! Geben wir zu, dass das die größte Stärke der Religionen ist, hier sind sie fast unschlagbar. Ist das ein Grund zu glauben? Für manche sicher. Für andere, zu denen auch ich mich zähle, ist es eher ein Grund, sich zu verweigern, weil ihnen das zu einfach ist, vielleicht auch, weil Stolz, Wut oder Verzweiflung sie daran hindern. Diese Menschen fühlen sich trotz ihres Schmerzes wie bestärkt in ihrem Atheismus. Angesichts der Katastrophe aufzubegehren kommt ihnen richtiger vor, als zu beten, der Schrecken erscheint ihnen wahrer als der Trost. Der Friede kommt für sie später. Trauern ist schließlich kein sportlicher Wettkampf.

Es gibt noch etwas, das nichts mit dem Denken zu tun hat, sondern mit den Handlungen, die man auf eine spezielle, sehr genau festgelegte Weise gemeinsam vollzieht. Religion kann nicht nur trösten; sie verfügt auch über das nötige Ritual, eine Zeremonie, die beim Tod eines geliebten Menschen auch ohne großes Gepränge wie eine letzte Ehrerweisung wirkt und dabei hilft, sich dem Verlust zu stellen, ihn (seelisch wie gesellschaftlich) hinzunehmen und schließlich darüber hinwegzukommen – denn dahin sollte man gelangen – oder wenigstens mit ihm zu leben. Eine Totenwache, eine Grabrede, Gesänge, Gebete, Symbole, Gesten, Riten, Sakramente – das ist eine Möglichkeit, dem Schrecken beizukommen, ihn zu vermenschlichen, zu zivilisieren, und das ist zweifellos nötig. Man vergräbt einen Menschen nicht wie ein Tier. Man verbrennt ihn nicht wie ein Stück Holz. Das Ritual kennzeichnet diesen Unterschied, unterstreicht ihn, bekräftigt ihn und wird so fast unersetzlich. Was die Hochzeit – sofern man sie braucht – für Liebe oder Sex ist, das ist das Begräbnis für den Tod.

Nichts hindert die Atheisten, sich etwas Entsprechendes einfallen zu lassen, und das passiert auch. Für die Hochzeit gibt es so etwas seit längerem, mehr oder minder gelungen. Heiraten auf dem Standesamt bietet einen annehmbaren Ersatz, wenn dabei nicht geschludert wird. Es geht immerhin darum, das Intimste, Geheimste, Wildeste offiziell zu machen und mit Familien, Freunden, der ganzen Gesellschaft in Verbindung zu bringen. Das Rathaus mag als Rahmen genügen. Ein Fest kann dazu beitragen. Aber wenn es um den Tod geht? Gewiss gibt es auch rein zivile Begräbnisse: Für eine Beerdigung oder Einäscherung als solche braucht man keine Religion. Die innere Sammlung könnte genügen. Schweigen und Tränen könnten genügen. Allerdings müssen wir einräumen, dass es selten so ist: Laizistische Begräbnisse haben fast immer etwas Ärmliches, Künstliches, Flaches, wie eine Kopie, bei der man ständig ans Original denken muss. Es ist vielleicht eine Frage der Zeit. Zweitausend Jahre Gefühl und Phantasie lassen sich nicht im Handumdrehen ersetzen. Aber es ist sicher noch mehr. Die Stärke der Religion in solchen Momenten ist nichts anderes als unsere Schwäche gegenüber dem Nichts. Das macht die Religion für viele unentbehrlich. Sie könnten zur Not auf die Hoffnung für sich selbst verzichten. Aber nicht auf den Trost und die Riten, wenn ein allzu schmerzlicher Verlust sie trifft. Die Kirchen sind für sie da. Sie werden so bald nicht verschwinden.

»Ich glaube an Gott«, sagte einmal eine Leserin zu mir, »weil es sonst zu traurig wäre.« Das ist sicher kein Argument – »es könnte sein, dass die Wahrheit traurig ist«, schrieb Renan –, will aber dennoch bedacht sein. Ich würde es mir nicht verzeihen, Menschen den Glauben zu nehmen, die ihn brauchen oder einfach besser mit ihm leben. Es sind unzählige. Einige sind bewundernswert (wir sollten anerkennen, dass es unter den Gläubigen mehr Heilige gibt als unter den Atheisten; das ist kein Beweis für die Existenz Gottes, verwehrt es aber, die Religion zu verachten), die meisten respektabel. Ihr Glaube stört mich nicht. Warum sollte ich ihn bekämpfen? Ich bin ja kein atheistischer Missionar. Ich versuche nur, meine Position zu erläutern, zu begründen, und das mehr aus Liebe zur Philosophie denn aus Hass gegen die Religion. Es gibt freie Geister in beiden Lagern. An sie wende ich mich. Die anderen, ob gläubig oder nicht, überlasse ich ihren Gewissheiten.

Kann man also auf Religion verzichten? Aus der Perspektive des Individuums ist die Antwort, wie wir gesehen haben, einfach und vielschichtig zugleich: Es gibt Individuen, zu denen auch ich gehöre, die im Alltag sehr gut darauf verzichten können, und einigermaßen, wenn sie von einem Verlust betroffen sind. Das heißt nicht, dass alle das können oder sollen. Atheismus ist weder Pflicht noch Notwendigkeit. Religion auch nicht. Wir können nichts anderes tun, als unsere Unterschiedlichkeit zu akzeptieren. Toleranz ist auf unsere so verstandene Frage die einzige befriedigende Antwort.

Keine Gesellschaft kann auf Kommunion verzichten...

»Man« kann aber auch ein Kollektiv bezeichnen, eine Gesellschaft oder die Menschheit insgesamt. Damit erhält unsere Frage eine völlig andere, eher soziologische Bedeutung und muss daher lauten: Kann eine Gesellschaft auf Religion verzichten?

Hier geht es nicht darum, *von wem* man spricht, sondern *wovon:* Alles hängt davon ab, was man unter »Religion« versteht. Wenn man das Wort in seinem abendländischen, engeren Sinn versteht, als Glaube an einen personalen Schöpfergott nämlich, ist die Frage historisch gelöst: Eine Gesellschaft kann auf Religion verzichten. Konfuzianismus, Taoismus und Buddhismus, die riesige Gesellschaften und wunderbare Kulturen beseelten, darunter die ältesten bis heute existierenden und auch aus spiritueller Sicht raffiniertesten, aber keinen Gott dieses Typs anerkennen, haben das schon lange bewiesen.

Betrachtet man aber »Religion« im weiteren, ethnologischen Sinn, bleibt die Frage offen. Solange man auch in die Geschichte zurückblickt, nie gab es eine Gesellschaft, die völlig frei davon war. Das 20. Jahrhundert bildet da keine Ausnahme: Auch der Nationalsozialismus beanspruchte Gott für sich (»Gott mit uns!«). Die UdSSR, Albanien oder die Volksrepublik China sind in dieser Hinsicht, vorsichtig gesagt, kaum beweiskräftig, lassen aber durchaus Züge von Messianismus oder Abgötterei erkennen (nicht umsonst wurde der Begriff der »Geschichtsreligion« auch auf diese Systeme angewandt). Da man aufgrund der kurzen Zeit noch nicht von eigenen Kulturen sprechen kann und – glücklicherweise – auch die Kulturen, aus denen sie hervorgegangen sind, noch nicht völlig zerstört sind, bleibt uns nur festzuhalten, dass keine große Kultur ganz ohne Mythen, Riten, Heiliges oder den Glauben an bestimmte unsichtbare oder übernatürliche Kräfte, kurz, ohne Religion im weiteren, ethnologischen Sinne des Wortes, bekannt ist. Lässt sich daraus schließen, dass es auch immer so bleiben wird? Das wäre zu weit oder zu schnell gedacht. Mit der Spiritualität ist es wie mit den Börsenkursen: Frühere Erfolge sagen nichts über künftige Erfolge. Ich neige dennoch zu der Ansicht, dass es in ein paar Jahrhunderten, sagen wir, im Jahr 3000, immer noch Religionen geben wird und immer noch Atheisten. In welchem Verhältnis? Wer weiß. Das ist auch nicht so entscheidend. Es geht mir mehr ums Verstehen als ums Voraussagen.

Die Etymologie, auch wenn oder vielleicht auch weil sie manchmal nicht eindeutig ist, wird uns dabei helfen.

Was ist der den meisten Sprachen des Okzidents gemeinsame Ursprung des Wortes »Religion«? Zwei Antworten konkurrieren in der Ideengeschichte, und die moderne Linguistik kann sich, soweit ich weiß, nicht zwischen ihnen entscheiden. Keine Antwort ist gesichert. Beide sind aber erhellend. Und das Schwanken zwischen beiden bringt uns noch ein Stück weiter.

Die am häufigsten vorgebrachte Antwort scheint mir die

zweifelhaftere zu sein. Seit Laktanz und Tertullian vertreten zahlreiche Autoren die Meinung, das lateinische *religio* (von dem die »Religion« herrührt) stamme vom Verb *religare* – »anbinden, festmachen«. Diese oft als Selbstverständlichkeit vorgebrachte Hypothese führt zu einer bestimmten Auffassung des Religiösen: Die Religion sei demnach das »Verbindende«. Das beweist keineswegs, dass die einzig mögliche gesellschaftliche Bindung der Glaube an Gott ist. Die Geschichte – das sei hier noch einmal hervorgehoben – hat das Gegenteil bewiesen. Es stimmt aber, dass keine Gesellschaft auf Bindung oder Berührung verzichten kann. Angenommen, jede Bindung wäre religiös, wie diese Etymologie nahelegt, könnte keine Gesellschaft auf Religion verzichten. Quod erat demonstrandum. Das ist aber eher eine Tautologie (wenn »Religion« und »Bindung« synonym sind) oder ein Sophismus (wenn sie es nicht sind) als ein Beweis. Keine noch so abgesicherte Etymologie taugt als Beweis (warum sollte die Sprache recht behalten?), und diese ist zudem zweifelhaft. Vor allem würde man mit der Annahme, dass jede Bindung religiös sei, die *Religion* zu einem unbrauchbaren, sinnentleerten Begriff degradieren. Der Profit verbindet uns auch, besonders in einer Marktgesellschaft; das ist aber kein Grund, den Profit für heilig zu erklären oder den Markt zur Religion zu machen.

In der Tat sind die Menschen in den verschiedenen monotheistischen Religionen *miteinander* (sozusagen horizontal) verbunden, weil sie alle das Gefühl haben, *mit Gott* (also vertikal) verbunden zu sein. Das ist wie Kette und Schuss im Gewebe der Religion. Die Gemeinschaft der Gläubigen – das auserwählte Volk, die Kirche, die *Umma* – ist umso stärker, je fester dieses doppelte Band ist. Und was bedeutet das konkret für die Humanwissenschaften? Dass sie es hier mit einem menschlichen, das heißt psychologischen, historischen, sozialen Phänomen zu tun haben. Was die Gläubigen miteinander verbindet, ist – von einem außenstehenden Beobachter aus gesehen – nicht Gott, dessen Existenz unbewiesen ist, sondern ihre Kommunion, das heißt ihr Verbundensein in einem gemeinsamen Glauben. Das ist übrigens laut Durkheim und den meisten Soziologen der eigentliche Gehalt bzw. die grundlegende Funktion der Religion: den gesellschaftlichen Zusammenhalt zu stärken, indem sie ein gemeinsames Gewissen und die Befolgung der Gruppenregeln fördert. Es reicht nicht, die Polizei zu fürchten oder den Tratsch. Auch übereinstimmende Interessen genügen nicht. Außerdem sind Befürchtungen und Interessen unbeständig (es gibt nicht immer Zeugen, und die Interessen widersprechen einander mindestens ebenso oft, wie sie zusammenfallen). Man braucht vielmehr einen tieferen, bedeutsameren, dauerhafteren, weil inneren oder verinnerlichten Zusammenhalt. Das nenne ich »Kommunion«. Wie könnte eine Gesellschaft darauf verzichten? Ohne Kommunion gibt es keine Bindungen, keine Gemeinschaft, also auch keine Gesellschaft. Denn die Kommunion schafft die Gemeinschaft viel mehr als umgekehrt: Nicht weil irgendwie eine Gemeinschaft entstanden ist, gibt es Kommunion; sondern weil die Kommunion existiert, entsteht eine Gemeinschaft statt eines Haufens nebeneinander herlebender oder konkurrierender Individuen. Ein Volk ist mehr und besser als eine Horde. Eine Gesellschaft ist mehr und besser als eine Menschenmenge.

Bleibt nur noch die Frage, was das ist, »Kommunion«... Hier meine Definition: Kommunion heißt teilen, ohne aufzuteilen. Das erscheint paradox. Wenn es um materielle Güter geht, ist es tatsächlich unmöglich. Die Kommunion eines Kuchens zum Beispiel ist unmöglich, denn die einzige Möglichkeit, ihn zu teilen, besteht darin, ihn aufzuteilen. Je mehr ihr seid, desto kleiner wird der Teil eines jeden; und wenn einer mehr davon abbekommt, bleibt für die anderen weniger übrig. In einer Familie oder einer Gruppe von Freunden dagegen ist es möglich, im Genuss zu kommunizieren, den man beim gemeinsamen Essen eines sehr guten Kuchens erlebt: Alle teilen denselben Genuss, ohne ihn deshalb aufteilen zu müssen. Wenn wir den Kuchen zu fünft oder zu sechst verspeisen, ist der Genuss nicht geringer, als wenn man ihn alleine verdrückt, im Gegenteil, er wird größer: Unter Freunden wird der Genuss jedes Einzelnen durch den Genuss der anderen vervielfacht! Gewiss landet im Magen ein kleinerer Teil. Aber die Seele hat einen größeren Genuss, eine größere Freude, weil diese sich paradoxerweise durch Teilen vermehrt. Deshalb spricht man von einer Kommunion der Seelen – weil nur Seelen zu teilen wissen, ohne aufzuteilen.

Entsprechendes gilt auch für Gesellschaften oder Staaten. Im Staatshaushalt herrscht keine Kommunion, jedenfalls nicht im rechnerischen Sinn: Werden der Landwirtschaft mehr Gelder zugebilligt, fließen weniger in Bildung und Industrie; bekommen die Arbeitslosen etwas, müssen Lohnempfänger und Rentner verzichten. In einer Gesellschaft, wie sie sein sollte, in der es also Demokratie und Zusammenhalt gibt, gibt es Kommunion in der Vaterlandsliebe, in Gerechtigkeit, Freiheit und Solidarität, kurz, man teilt eine gewisse Menge gemeinsamer Werte und verleiht damit dem Haushaltsbudget einen Sinn, der mehr ist als das Ergebnis politischer Kräfteverhältnisse, der Arbeit einzelner Interessenverbände oder der Arithmetik. Und dass eine Vielzahl von Individuen diese Werte teilt, wie es natürlich wünschenswert ist, verringert deren Bedeutung für jeden Einzelnen keineswegs, im Gegenteil! Jeder hängt umso mehr an diesen Werten, als er von anderen, die derselben Gemeinschaft angehören wie er, weiß, dass sie es auch tun. Zugehörigkeitsgefühl und Zusammenhalt lassen sich nicht trennen. Das nennt man Kultur oder Zivilisation: eine – historisch oder sozial determinierte – Kommunion der Seelen im Rahmen eines oder mehrerer Völker. Anders gäbe es kein Volk. Sondern nur Individuen. Anders gäbe es keine Gesellschaft. Sondern nur Massen und Kräfteverhältnisse.

Ein Volk ist eine Gemeinschaft. Das setzt voraus, dass die Individuen, aus denen es sich zusammensetzt, in etwas *kommunizieren.* Mag diese Kommunion noch so ungleich und relativ, konfliktreich (Kultur ist kein langer ruhiger Fluss), störbar und vorläufig sein (keine Kultur ist unsterblich), so ist sie deshalb nicht weniger nötig, im Gegenteil, nur umso mehr. Ohne sie kann eine Gesellschaft sich nicht entwickeln, nicht einmal überleben. Mit dem Gesetz allein geht es nicht. Mit Repression allein auch nicht. Sonst müsste hinter jedem Individuum ein Polizist stehen. Und wer stünde dann hinter den Polizisten? Demokratie ist eine große Sache. Öffentliche Ordnung auch. Keine von beiden kann die Kommunion ersetzen, weil diese deren Bedingung ist.

Es gibt keine Gesellschaft ohne Bindung, also auch keine Gesellschaft ohne Kommunion. Das bedeutet keineswegs, dass jede Kommunion – also auch jede Gesellschaft – den Glauben an einen personalen Schöpfergott voraussetzt, nicht einmal den Glauben an transzendente oder übernatürliche Kräfte. Den Glauben an etwas Heiliges vielleicht? Das ist eine Frage der Definition.

Wenn man unter *heilig* den Verweis auf etwas Übernatürliches oder Göttliches versteht, dann gilt das bereits Gesagte, und es besteht kein Grund, dass eine moderne Gesellschaft nicht zu ihrem Vorteil darauf verzichten könnte. Wählen ist besser als Weihen; Fortschritt ist besser als Sakramente oder Opfer (im Sinne der Tier- oder Menschenopfer in antiken Kulturen, die unsichtbare Mächte günstig stimmen sollten). Agamemnon opferte seine Tochter Iphigenie, um von den Göttern den richtigen Wind zu bekommen. Was ist das in unseren Augen anderes als ein Verbrechen aus Aberglauben? Die Geschichte ist darüber hinweg, und es ist besser so. Die Aufklärung hat damit aufgeräumt. Zauberei hat für uns weniger mit Spiritualität als mit Aberglauben zu tun; bei Brandopfern denken wir weniger an Religion als an die Schrecken der Geschichte.

Versteht man unter *heilig* allerdings etwas von absolutem Wert (oder etwas, das so erscheint), ein unbedingtes Gebot, dessen Übertretung Frevel oder Ehrverlust bedeutet (so wie man etwa von der Heiligkeit der menschlichen Person spricht, von der heiligen Pflicht, das Vaterland oder die Gerechtigkeit zu verteidigen, usw.), dann kann wahrscheinlich keine Gesellschaft dauerhaft darauf verzichten. Das so verstandene Heilige kann manchmal auch Opfer rechtfertigen. Es ist nicht mehr das Heilige des Opferpriesters (der andere opfert), sondern das des Helden (der sich selbst opfert) oder das der Tapferen (die bereit wären, es zu tun). Sagen wir, es ist die Dimension des Aufrechten, des Absoluten oder des Anspruchs (je nachdem, was für ein Wort man gebrauchen will) der Menschen, etwas, das uns – dank der Zivilisation – von den Tieren abhebt, uns anders und mehr sein lässt. Das kann uns natürlich nur freuen. Aber dafür bedarf es weder einer speziellen Metaphysik noch eines spezifisch religiösen Glaubens. Menschlichkeit, Freiheit und Gerechtigkeit sind keine übernatürlichen Gebilde. Ein Atheist kann sie mit derselben Berechtigung achten – sich also auch für sie opfern – wie ein Gläubiger. Ein Ideal ist kein Gott. Eine Moral macht noch keine Religion.

Aus alldem schließen wir: Keine Gesellschaft kann auf Kommunion verzichten; nicht jede Kommunion ist religiös (außer wenn man Religion als Kommunion definiert, was eines der beiden Wörter entbehrlich macht); man kann in anderem kommunizieren als im Göttlichen oder im Heiligen. Und genau darum geht es: Eine Gesellschaft kann auf Götter verzichten, vielleicht auch auf Religion; sie kann jedoch nicht dauerhaft auf Kommunion verzichten.

... noch auf ein Bekenntnis

Die andere etymologische Hypothese kommt mir wahrscheinlicher vor. Viele Linguisten meinen wie Cicero, dass *religio* von *relegere* stammt, das sowohl »sammeln« als auch »wiederlesen« bedeutet. In diesem Falle wäre Religion nicht oder nicht in erster Linie das Verbindende, sondern das Gesammelte und Wiedergelesene (oder das, was man gesammelt liest): Mythen, Schöpfungstexte, eine Lehre (das ist der Ursprung des hebräischen Wortes *Tora*), ein Wissen (das bedeutet das Sanskrit-Wort *Veda*), ein oder mehrere Bücher (griechisch: *biblia*), eine Lektüre oder Rezitation (arabisch *Koran*), ein Gesetz (*Dharma* in Sanskrit), Grundsätze, Regeln, Vorschriften (die Zehn Gebote des Alten Testaments), kurz, eine sowohl individuell als auch gemeinsam akzeptierte, respektierte, verinnerlichte Offenbarung oder Überlieferung (an dieser Stelle treffen sich die beiden etymologischen Hypothesen: Das Wiederlesen derselben Texte, auch wenn es jeder für sich tut, verbindet), alt und doch immer noch aktuell, integrierend (für eine Gruppe) und strukturierend (für das Individuum wie für die Gemeinschaft). Nach dieser Etymologie ist die Religion weniger ein soziologisches als ein philologisches Phänomen: Sie ist die Liebe zum Wort, zum Gesetz, zum Buch, also zum *Logos*.

Bindung gibt es deshalb nicht weniger, aber zeitversetzt: Sie verknüpft die Gegenwart mit der Vergangenheit, die Lebenden mit den Toten, die Frömmigkeit mit der Überlieferung oder Offenbarung. Jede Religion ist *archaisch,* im dreifachen etymologischen und nicht abwertenden Sinne des Wortes: Sie ist ein Anfang *(arche),* alt *(archaios)* und gebieterisch (von *archein*). »Woher kommt uns die Wiedergeburt«, fragte Simone Weil. Und antwortete: »Einzig aus der Vergangenheit, falls wir sie lieben.« Falsch wäre es, darin ein reaktionäres politisches Programm zu sehen. Es geht hier nicht um Politik. Es geht um Spiritualität. Und es geht um Zivilisation. Das ist das Gegenteil der Barbarei, die mit der Vergangenheit reinen Tisch machen will. Und es ist das Gegenteil der Unkultur, die nur die Gegenwart kennt. »Geist ist Gedächtnis«, sagte Augustinus. Das gilt für Völker wie für Individuen.

Wenn man die zweite etymologische Hypothese zugrunde legt, beruht die Religion eher auf etwas, das ich *Bekenntnis* nennen will (Sammeln und Wiederlesen), als auf *Kommunion* (Bindung), besser gesagt, auf Kommunion nur in Verbindung mit dem Bekenntnis. Durch das Sammeln-Wiederholen-Wiederlesen derselben Worte, Mythen oder Texte (je nachdem, ob eine Kultur auf mündlicher oder schriftlicher Überlieferung beruht) gelangt man schließlich dazu, in gemeinsamen Glaubensinhalten oder Idealen zu kommunizieren. Das *relegere* schafft das *religare* oder ermöglicht es: Wiederlesen verbindet. Bindung (innerhalb jeder Generation) entsteht nur durch Überlieferung (*zwischen* den Generationen). Darin eilt die Zivilisation stets sich selbst voran. Nur dort kann man sich gemeinsam sammeln (kommunizieren), wo schon etwas gesammelt, gelehrt, wiederholt oder wiedergelesen wurde. Keine Gesellschaft ohne

Bildung. Keine Kultur ohne Überlieferung. Keine Kommunion ohne Bekenntnis.

Ich verwende das Wort »Bekenntnis« *(fidélité)* bewusst, weil es im Französischen, wie die Linguisten sagen, eine Dublette des Glaubens *(foi)* ist: Beide Wörter haben denselben etymologischen Ursprung – das lateinische Wort *fides* –, im modernen Französisch aber unterschiedliche Bedeutungen. Aus gemeinsamer Wurzel und divergierender Entwicklung lassen sich beide Begriffe erklären. Ich erkenne darin etwas aus unserer, also auch meiner Geschichte wieder. Das Bekenntnis *(fidélité)* ist das, was vom Glauben *(foi)* bleibt, wenn man ihn verloren hat. Da stehe ich heute. Seit sehr langer Zeit glaube ich nicht mehr. Unsere Gesellschaft, jedenfalls in Europa, glaubt immer weniger an Gott. Muss man deshalb das Kind mit dem Bade ausschütten? Muss man mit einem Gott, der gesellschaftlich tot ist (wie ein nietzscheanischer Soziologe sagen könnte), auch alle moralischen, kulturellen und spirituellen Werte, die in seinem Namen verkündet wurden, mit begraben? Wir wissen, dass diese Werte historisch gesehen aus den großen Religionen (bei uns hauptsächlich aus den drei großen monotheistischen Religionen) erwachsen sind. Wir wollen auch nicht vergessen, dass es die Religionen waren (bei uns hauptsächlich die katholische und die evangelische Kirche), die sie über Jahrhunderte weitergaben. Daraus lässt sich allerdings nicht schließen, dass diese Werte einen Gott brauchen, um zu überdauern. Hingegen deutet alles darauf hin, dass wir sie brauchen – dass wir der Moral, der Kommunion, des Bekenntnisses bedürfen, um zu überleben, und zwar so, wie wir es für menschlich angemessen halten.

Der Glaube *(foi)* ist eine Überzeugung *(croyance);* das Bekenntnis *(fidélité)*, wie ich das Wort verstehe, ist eher eine Neigung, eine Verpflichtung, eine Anerkennung. Der Glaube hat mit einem oder mehreren Göttern zu tun; das Bekenntnis mit Werten, mit der Geschichte, mit der Gemeinschaft. Der Glaube beruht auf Phantasie oder Gnade; das Bekenntnis auf Erinnerung und Willen.

Glaube und Bekenntnis können natürlich Hand in Hand gehen: Das ist die Frömmigkeit, die Gläubige legitimerweise anstreben. Aber es gibt das eine auch ohne das andere. Darin unterscheidet sich Gottlosigkeit (fehlender Glaube) von Nihilismus (fehlendes Bekenntnis). Das sollte man nicht verwechseln! Wenn man keinen Glauben mehr hat, bleibt das Bekenntnis. Fehlen beide, bleiben nur noch das Nichts oder das Grauen.

Aber müssen Sie wirklich an Gott glauben, um Aufrichtigkeit besser zu finden als Lüge, Mut besser als Feigheit, Großzügigkeit besser als Egoismus, Zärtlichkeit und Mitgefühl besser als Gewalt und Grausamkeit, Gerechtigkeit besser als Ungerechtigkeit, Liebe besser als Hass? Bestimmt nicht! Wenn Sie an Gott glauben, erkennen Sie in Gott diese Werte wieder; oder Sie erkennen Gott in diesen Werten wieder. Das ist das traditionelle Muster: Glaube und Bekenntnis greifen ineinander, und ich habe daran nichts auszusetzen. Aber warum sollten diejenigen, die keinen Glauben haben, deshalb unfähig sein, die menschliche Größe dieser Werte wahrzunehmen, ihre Bedeutung, Notwendigkeit, Angreifbarkeit, Dringlichkeit, und sie aus diesem Grund zu achten?

Machen wir ein Gedankenexperiment. Ich wende mich

an die Gläubigen, deren Kinder, wie meine, schon größer sind (meine sind inzwischen junge Erwachsene). Stellen Sie sich vor, Sie verlieren Ihren Glauben. So etwas kommt in den besten Familien vor... Bestimmt drängt es Sie, Ihren Lieben, besonders Ihren Kindern davon zu berichten, wenn Sie alle beisammensitzen. Und was wollen Sie ihnen dann sagen? Wären Glaube und Bekenntnis untrennbar, wie manche behaupten, müsste Ihre kleine Ansprache etwa so lauten: »Meine lieben Kinder, in mir hat sich eine erstaunliche Wandlung vollzogen: Ich glaube nicht mehr an Gott! Deshalb möchte ich jetzt feierlich verkünden, dass ihr sämtliche Werte, die ich euch im Laufe eurer Kindheit und Jugend mühsam beigebracht habe, von nun an als null und nichtig ansehen sollt: Das war alles Humbug!« Diese Position ist zwar theoretisch möglich, aber doch recht unwahrscheinlich, müssen Sie zugeben. Viel wahrscheinlicher dagegen ist, dass Sie sich ganz anders äußern, nämlich ungefähr so: »Meine lieben Kinder, ich habe euch etwas Wichtiges zu sagen: Mein Glaube ist mir abhandengekommen, ich glaube nicht mehr an Gott! Aber das ändert nichts an den Werten, die ich versucht habe, euch zu vermitteln. Ich vertraue darauf, dass ihr sie auch künftig respektiert!« Welcher Gläubige würde – vom moralischen, aber auch vom religiösen Standpunkt aus betrachtet – die zweite Rede nicht befriedigender finden als die erste? Soll man, nur weil man nicht mehr an Gott glaubt, zum Feigling werden, zum Heuchler, zum Schwein? Natürlich nicht! Der Glaube reicht leider manchmal nicht zum Bekenntnis. Das Fehlen des Glaubens erübrigt das Bekenntnis aber nicht. Im Übrigen bleibt der Glaube aus theologischer Sicht eine von Gott geschenkte

Gnade. Das Bekenntnis ist eher eine (wenn auch befreiende) Aufgabe, für die Menschlichkeit reicht. Den Glauben kann man entbehren, ohne zu verkommen, das Bekenntnis nicht. Egal, ob man einer Religion anhängt oder nicht – die Moral bleibt für den Menschen weiterhin von Bedeutung.

Und welche Moral? Da haben wir wenig Spielraum. Auch wenn die Moral, wie ich meine, noch so menschlich und relativ ist, können wir sie doch weder wählen noch schaffen. Jeder findet sie nur so weit in sich vor, wie er sie empfangen hat (ob von Gott, von der Natur oder aus der Erziehung, spielt dabei kaum eine Rolle), und kann nur diesen oder jenen Aspekt im Namen eines anderen kritisieren (etwa die Sexualmoral im Namen der individuellen Freiheit, die Freiheit im Namen der Gerechtigkeit und so weiter). Jede Moral kommt aus der Vergangenheit: Ihre gesellschaftlichen Wurzeln liegen in der Geschichte, die individuellen in der Kindheit. Bei Freud repräsentiert das *Über-Ich* die Vergangenheit der Gesellschaft, das *Es* die Vergangenheit der Art. Natürlich können wir die Moral unserer Väter kritisieren (im Übrigen gehört die freie Kritik zu den Werten, die sie uns überliefert haben), erneuern und verändern; aber wir wissen sehr gut, dass das nur dann zulässig ist, wenn wir uns auf das Überlieferte stützen – wenn es, wie die Schriften sagen, nicht um die Aufhebung geht, sondern um die Vollendung.

Nihilismus und Barbarei

Nihilismus spielt der Barbarei in die Hände. Es gibt zwei Typen der Barbarei, die man keinesfalls verwechseln darf: Die nichtreligiöse Barbarei ist nichts anderes als ein verallgemeinerter oder triumphierender Nihilismus; die fanatische Barbarei will mit Gewalt ihre Religion durchsetzen. Nihilismus führt zum ersten Typ und lässt dem zweiten freie Bahn.

Die Barbarei der Nihilisten hat kein Programm, kein Projekt, keine Ideologie. Das braucht sie nicht. Solche Leute glauben an nichts. Sie kennen nur Gewalt, Egoismus, Verachtung und Hass. Sie sind in ihren Trieben, ihrer Dummheit, ihrer Unbildung gefangen, Sklaven dessen, was sie für ihre Freiheit halten. Sie sind Barbaren aus Mangel an Glauben oder Überzeugungen: Sie sind die Helden des Nichts.

Die Barbarei der Fanatiker kommt ganz anders daher. Diesen fehlt es nicht an Glauben oder Überzeugungen, ganz im Gegenteil: Sie bersten geradezu vor Gewissheit, Enthusiasmus und Dogmatismus. Sie halten ihren Glauben für Wissen und würden jederzeit für ihn sterben oder töten. Zweifel kennen sie nicht. Aber das Wahre und Gute. Wozu Wissenschaft? Wozu Demokratie? Es steht doch alles geschrieben. Man muss nur daran glauben und gehorchen. Zwischen Darwin und Schöpfungsgeschichte, Menschenrechten und Scharia, Völkerrecht und Tora haben sie sich endgültig für ein Lager entschieden. Sie sind an der Seite Gottes. Wie könnten sie unrecht haben? Wie etwas anderes glauben, etwas anderem dienen? Fundamentalismus. Obskurantismus. Terrorismus. Sie wollen Engel sein und werden zu Tieren oder Tyrannen. Sie sehen sich als apokalyptische Reiter, sind aber Janitscharen des Absoluten, das sie für sich reklamieren und auf die sehr beschränkten Ausmaße ihres guten Gewissens reduzieren. Sie sind Gefangene ihres Glaubens, Sklaven Gottes oder dessen, was ihnen – ohne jeden Beweis – als Sein Wort oder Sein Gesetz gilt. Spinoza hat schon das Wichtigste über sie gesagt, nämlich dass »sie für ihre Sklaverei, als wäre es ihr Glück, kämpfen«. Sie wollen sich Gott unterwerfen. Das steht ihnen frei, solange sie nicht auf unserer Freiheit herumtrampeln. Aber sie sollten nicht versuchen, uns zu unterwerfen!

Was ist das Schlimmste, das wir befürchten müssen? Der Krieg der Fanatismen. Oder dass wir den unterschiedlichen Fanatismen der einen ebensowenig entgegenzusetzen haben wie dem Nihilismus der anderen. In beiden Fällen würde die Barbarei gewinnen, ganz gleich, ob sie von Norden oder Süden kommt, aus dem Orient oder aus dem Okzident, ob sie sich auf Gott oder auf das Nichts beruft. Und dann ist es äußerst zweifelhaft, ob unsere Welt überlebt.

Das Gegenteil der Barbarei ist die Zivilisation. Wir brauchen keine »Umwertung aller Werte«, wie sie Nietzsche vorschwebte, und müssen auch keine neuen erfinden. Die Werte sind altbekannt, ebenso wie Recht und Gesetz. Schon vor mindestens 26 Jahrhunderten fand unter den Menschen aller großen Kulturen, die es damals gab, die Auslese (wie Darwin sagen würde) all jener großen Werte statt, die ein

Zusammenleben möglich machen. Karl Jaspers nennt diese Epoche, der wir so vieles verdanken, die »Achsenzeit«. Wer wollte päpstlicher sein als Heraklit oder Konfuzius, Buddha oder Lao Tse, Zarathustra oder Jesaja? Brauchen wir also bloß nachzubeten, was sie sagten? Allem Anschein nach reicht das nicht. Wir müssen es verstehen, fortsetzen, aktualisieren und weitergeben! Anders ist Fortschritt nicht zu haben. Alain in Frankreich und Hannah Arendt in den Vereinigten Staaten haben es uns gezeigt: Durch die Überlieferung der Vergangenheit ermöglicht man den Kindern, ihre eigene Zukunft zu erfinden; nur wer kulturell konservativ ist, kann politisch fortschrittlich sein. Das gilt auf dem Gebiet der Moral für die ältesten Werte (die der großen Religionen und der Weisen der Antike: Gerechtigkeit, Mitgefühl, Liebe usw.) wie für die jüngsten (die der Aufklärung: Demokratie, Trennung von Kirche und Staat, Menschenrechte usw.). Es wäre falsch, mit der Vergangenheit zu brechen! Es geht, bis auf ein paar Ausnahmen, nicht um die Schaffung neuer Werte, sondern um ein neues oder erneuertes Bekenntnis zu den alten Werten, die wir weitergeben müssen. Das ist wie eine Schuld gegenüber der Vergangenheit, die wir nur an die Zukunft abtragen können – die einzige Art, den ererbten Werten wahrhaft treu zu bleiben, ist deren Vermittlung an unsere Kinder. Überlieferung und Bekenntnis sind unauflöslich miteinander verbunden: Das Bekenntnis ist nur eine Verlängerung, ein Wechsel auf das Kapital, das die Überlieferung eingebracht hat. Es sind dies die zwei Pole einer lebendigen Tradition, also auch jeder Zivilisation. Die Menschheit ist wie ein Strom, der nur eine einzige Möglichkeit hat, seine Quelle zu ehren, nämlich: weiterzufließen.

Was bleibt vom christlichen Abendland, wenn es nicht mehr christlich ist?

Fassen wir zusammen: Eine Gesellschaft kann sehr wohl auf *Religion* im westlichen, beschränkten Verständnis des Wortes (als Glauben an einen personalen Schöpfergott) verzichten; sie könnte auch auf das Heilige oder Übernatürliche (Religion im weiteren Sinne) verzichten; aber auf *Kommunion* und *Bekenntnis* kann sie nicht verzichten.

Dieses Postulat gilt für alle Kulturen. In China, Indien oder dem Iran würde sich uns diese Frage genauso stellen, wenn auch in anderen Begriffen. Nun leben wir in der westlichen Welt. Von dieser ebenso geographischen wie historischen Gegebenheit sollten wir ausgehen. Was ihre Quellen betrifft, ist unsere Kultur eindeutig griechisch-römisch und jüdisch-christlich geprägt, was mir persönlich ganz recht ist. Sie ist laizistisch geworden, was mir noch viel besser gefällt. Nur dass dieser Laizismus mehr sein sollte als eine leere Muschel, keine elegante Form der Amnesie oder Verleugnung, was nur ein raffinierter Nihilismus wäre, fast eine Art Dekadenz. Konkret stellt sich für uns daher die entscheidende Frage wie folgt: Was bleibt vom christlichen Abendland, wenn es nicht mehr christlich ist?

Darauf gibt es zwei Antworten:

Entweder Sie denken, dass nichts davon bleibt. Dann gute Nacht. In diesem Fall haben wir dem Fanatismus im

Äußeren und dem Nihilismus im Inneren nichts mehr entgegenzusetzen – und der Nihilismus ist, anders als anscheinend viele glauben, die bei weitem größere Gefahr. Wir sind eine tote, jedenfalls sterbende Zivilisation. Die Händler werden weiter Autos, Rechner, Filme und Videospiele verkaufen, doch das ist ohne Belang und wird auch nicht ewig so weitergehen – weil sich die Menschen mit solchen Dingen nicht ausreichend identifizieren können, weil sie zu wenige Gründe zum Leben und zum Kämpfen finden und daher der Möglichkeiten ermangeln, dem Schlimmsten zu widerstehen, das sich bereits ankündigt (dem ökonomischen, ökologischen und ideologischen Desaster). Reichtum hat noch nie genügt, eine Zivilisation zu begründen. Elend noch weniger. Es bedarf auch der Kultur, der Phantasie, der Begeisterung, der Kreativität, und nichts von alldem ist ohne Mut, ohne Arbeit, ohne Mühe zu haben. »Europas größte Gefahr ist die Müdigkeit«, meinte Husserl. Gute Nacht, Kinder: Der Okzident hat seinen Glauben verloren, und die Müdigkeit sucht ihn heim.

Oder, andere Möglichkeit: Sie denken, dass etwas davon bleibt, vom christlichen Abendland, wenn es auch nicht mehr christlich ist... Und wenn das, was bleibt, nicht mehr der gemeinsame Glaube ist (weil es tatsächlich keinen gemeinsamen Glauben mehr gibt: jeder zweite Franzose ist heute Atheist, Agnostiker oder religionslos, einer von vierzehn ist Muslim usw.), dann muss es das gemeinsame Bekenntnis sein, das heißt ein von allen geteiltes Festhalten an überkommenen Werten, was bei jedem Einzelnen von uns den Willen voraussetzt oder nach sich zieht, diese auch weiterzugeben.

Ob man an Gott glaubt oder nicht, mag für das Individuum eine fesselnde Frage sein (ich werde ihr mein zweites Kapitel widmen). Für Völker ist sie nicht so bedeutend. Wollen wir das Schicksal unserer Zivilisation von einer objektiv nicht beantwortbaren Frage abhängig machen? Da gibt es weit Wichtigeres. Und Dringenderes. Und auch den Individuen sollte die Glaubensfrage nicht die entscheidendere nach dem Bekenntnis verstellen. Soll ich denn mein Gewissen einem unüberprüfbaren Glauben (oder Unglauben) unterwerfen? Meine Moral abhängig machen von meiner Metaphysik? Meine Pflichten an meiner Religion messen? Das hieße das Sichere dem Unsicheren opfern und die nötige Menschlichkeit einem bloß möglichen Gott. Deshalb verstehe ich mich gern als bekennender Atheist: Atheist, weil ich nicht an Gott oder eine übernatürliche Macht glaube; bekennend, weil ich mich zu einer bestimmten Geschichte, einer bestimmten Tradition, einer bestimmten Gemeinschaft bekenne, vor allem zu unseren jüdisch-christlichen (oder griechisch-jüdisch-christlichen) Werten.

Meine Jugend hat mich geprägt. Ich war damals Christ, das sagte ich schon; aber ich verbrachte kaum Zeit damit, den Katechismus zu lesen. Derjenige, von dem ich damals in moralischen Dingen am meisten gelernt habe, viel mehr als von jedem Priester, viel mehr auch, für lange Zeit, als von jedem Philosophen, war der Sänger Georges Brassens. Es ist allgemein bekannt, dass er nicht an Gott glaubte. Es ist aber auch nicht zu übersehen, dass seine Moral (nicht zu verwechseln mit der des Vatikans!) Spuren des Evangeliums aufweist und sich auch durchaus dazu bekennt. Hören Sie doch wieder einmal »L'Auvernat«, »La Jeanne« oder

»Le mécréant«... Was ist christlicher als eine solche Moral »ohne Pflicht und Strafe«, wie Jean-Marie Guyau gesagt hätte?

Ein weiterer Lehrer, den ich erst sehr viel später entdeckte, war Montaigne. Glaubte er an Gott? Darüber diskutieren die Spezialisten. Er bezieht sich weit öfter auf Sokrates oder Lukrez als auf Abraham oder Jesus. Er ist vor allem ein Lehrer der Freiheit. Aber das hindert ihn nicht daran, sich in Hinblick auf die Moral manchmal auf die Genesis zu berufen (»das erste Gesetz, das Gott dem Menschen gab«) oder das Gebot zu erwähnen, »das Moses dem Volk Judäas nach dessen Auszug aus Ägypten errichtete«. Anscheinend war seine Mutter Jüdin. Das half ihm vielleicht zu verstehen, dass es keinen Widerspruch zwischen dem Bekenntnis und der Freiheit des Geistes gibt.

Dieselbe Lektion bei Spinoza. Er war nicht christlicher als ich; vielleicht war er genauso atheistisch wie ich (jedenfalls glaubte er an keinen transzendenten Gott). Das hinderte ihn nicht daran, in Jesus Christus einen Lehrer erster Güte zu sehen. Einen Gott? Bestimmt nicht. Den Sohn Gottes? Auch nicht. Jesus war für Spinoza durchaus menschlich, wenn auch außergewöhnlich, »der größte der Philosophen«, der am besten zu sagen wisse, was in ethischen Dingen das Wichtigste sei. Nämlich? Dass »Gerechtigkeit und Barmherzigkeit« das ganze Gesetz sind, dass es keine andere Weisheit gibt, als zu lieben, und keine andere Tugend für einen freien Geist, als »gut zu handeln und fröhlich zu sein«. Das nennt Spinoza den »Geist Christi«. Soll man diese unerhörte Botschaft etwa überhören, bloß weil man Atheist ist?

»Christlicher Atheist« oder »assimilierter Goi«?

Um die Forderung nach einem Bekenntnis zu erläutern, will ich vier Anekdoten erzählen, besser gesagt zwei Erinnerungen, eine lustige Geschichte und eine Anekdote.

Ich beginne mit der jüngsten Erinnerung. Vor etwa fünfzehn Jahren nahm ich in Salzburg an einem interdisziplinären Kolloquium über gesellschaftliche Entwicklung teil. Eine Diskussionsrunde wurde von Jean Boissonnat moderiert, damals Chefredakteur eines großen französischen Wirtschaftsmagazins. In meinem Beitrag sprach ich über das, was ich heute Bekenntnis nenne, ohne meinen Atheismus zu verbergen. Ich zitierte Montaigne und Rousseau, Kant und Wittgenstein, aber auch die eine oder andere Passage aus dem Alten und Neuen Testament, die ich auf meine Art kommentierte, wobei ich mich gelegentlich auf Thomas von Aquin, Pascal oder Kierkegaard berief. Jean Boissonnat, verblüfft von dieser Haltung, die er in der intellektuellen Szene Frankreichs für einzigartig hielt, sagte zu mir: »Letztendlich sind Sie ein christlicher Atheist, Monsieur Comte-Sponville!« Die Formulierung war mir zu paradox, zu widersprüchlich. »Ein Christ glaubt an Gott. Ich tue das nicht, also bin ich keiner«, erwiderte ich. »Ich bin ein bekennender Atheist oder versuche es wenigstens zu sein...« Das war, wenn ich mich nicht irre, das erste Mal, dass ich diesen Ausdruck gebrauchte.

Ein paar Tage später war ich wieder zurück in Paris und erzählte die Geschichte einem Freund; Jean Boissonnats Bezeichnung, meine Überraschung und meine Antwort. Und was sagte mein Freund? »Christlicher Atheist oder bekennender Atheist – wo ist da der Unterschied? Im Grunde hat Boissonnat recht! Denk an unsere jüdischen Freunde: Viele von ihnen bezeichnen sich als ›atheistische Juden‹. Und was hat das zu bedeuten? Sicher nicht, dass sie die Gene des Judentums in sich tragen, deren Existenz zumindest zweifelhaft ist und über die sich die meisten von ihnen nur lustig machen. Nein, sie wollen damit sagen, dass sie nicht an Gott glauben, also Atheisten sind, aber sich trotzdem als Juden fühlen. Und warum? Nicht wegen der Gene, die hier unwichtig sind, nicht wegen des Glaubens, den sie nicht haben, und nicht nur – was auch immer Sartre darüber dachte – als Reaktion auf den Antisemitismus. Wenn sie sich als Juden fühlen, dann weil sie sich einer bestimmten Geschichte, einer bestimmten Tradition, einer bestimmten Gemeinschaft zugehörig fühlen und sich dazu bekennen ... Und genau in dem Sinn, in dem sie sich ›atheistische Juden‹ nennen, kannst du dich auch als ›atheistischen Christen‹ oder ›christlichen Atheisten‹ bezeichnen!«

Ich bin diesem Rat nicht gefolgt, weil ich damit, wie mir schien, einige Verwirrungen und Missverständnisse riskiert hätte. Aber im Grunde hatte mein Freund trotz offensichtlicher Unterschiede (in der Geschichte des Christentums gibt es nichts, was mit der Diaspora, mit der Shoah, mit Israel vergleichbar wäre) nicht unrecht: Ich fühle mich der christlichen Tradition (oder der jüdisch-christlichen, darauf komme ich noch zurück) ungefähr so verbunden, wie der eine oder andere meiner jüdisch-atheistischen Freunde sich seiner Tradition oder Gemeinschaft verbunden fühlt. Manche unter ihnen haben mir übrigens geholfen, das zu verstehen, und das bringt mich auf meine zweite Anekdote.

Es war ein paar Jahre früher. Ich unterrichtete damals als junger Philosophielehrer an einem Gymnasium in der Provinz. Einmal traf ich in Paris, auf dem Boulevard Saint-Michel, einen ehemaligen Studienkollegen. Wir gingen in ein Café an der Place de la Sorbonne, tranken ein Glas Wein an der Theke und gaben einander eine kurze Zusammenfassung unseres Lebens: da und da unterrichtet, geheiratet, Kinder, das und das geschrieben... Dann fügte mein Freund hinzu:

»Und noch etwas: Ich gehe wieder in die Synagoge.«

»Du warst Jude?«

»Ich bin es noch!«

»Davon hast du nie etwas gesagt! Wie sollte ich das wissen?«

»Na, bei dem Namen...«

»Weißt du, wenn man weder Jude noch Antisemit ist, sagen einem Namen nicht so viel, außer vielleicht Levy oder Cohen.«

Während unserer Studienzeit gehörte mein Freund zu jenen Juden, die so integriert und assimiliert waren, dass sie einem das Gefühl vermittelten, die Frage des Judentums stellte sich für sie gar nicht mehr, weder religiös (die meisten waren Atheisten) noch ethnisch (alle waren Antirassisten), noch kulturell (fast alle waren Universalisten). Sie fühlten sich nur insofern als Juden, sagten viele, als es Antisemiten gebe, und davon gab es zu der Zeit und in den Kreisen, in denen wir uns bewegten, nur wenige, die sich außerdem kaum freiwillig zu erkennen gegeben hätten. Mein früherer Kommilitone machte nach meiner Erinnerung keine Ausnahme. Während des Studiums sprach er nie über Religion oder Judentum. Er galt als Atheist oder Agnostiker, war es auch zweifellos, wie die meisten von uns; nach und nach entfernte er sich vom Maoismus seiner Jugend, interessierte sich für Kant und die Phänomenologie ... Ich wusste nicht, dass er Jude war, und die Frage erschien mir damals auch ohne Bedeutung. Wozu unter Ungläubigen einen Glauben erwähnen, den man nicht mehr hatte? Das war Schnee von gestern. Wir interessierten uns mehr für die Moderne. Und kaum zehn Jahre später geht er wieder in die Synagoge! Diese Entwicklung überraschte mich. Ich fragte ihn also, was mir das Wichtigste zu sein schien:

»Dann glaubst du jetzt an Gott?«

Er antwortete mir mit einem strahlenden Lächeln:

»Ach weißt du, für einen Juden ist es keine so wichtige Frage, ob man an Gott glaubt oder nicht...«

Ich war sprachlos. Jemandem wie mir, der katholisch erzogen war, erschien die Frage, ob man an Gott glaubte oder nicht, in dieser Hinsicht als alles entscheidende Frage! Mein Freund sah das aber ganz anders, wie er mir erklärte. Warum sollte man einer Frage, auf deren uns unbekannte Antwort wir ohnehin keinen Einfluss haben, so große Bedeutung zumessen? Besser, wir beschäftigen uns mit dem, was wir kennen und was von uns abhängt! Dann zitierte er lächelnd den bekannten Witz: »Es gibt keinen Gott, aber wir sind sein auserwähltes Volk.« Kurz, er erklärte mir, dass für einen Juden, jedenfalls für ihn, die Verbundenheit mit einer bestimmten Geschichte, einer bestimmten Tradition, einem bestimmten Gesetz, einem bestimmten Buch, also auch die Verbundenheit mit einer bestimmten Gemeinschaft wichtiger sei als die eher zufällige und zweitrangige Antwort auf die Frage, ob man an Gott glaube oder nicht. Außerdem sei er ein junger Familienvater und wolle dieses wiederentdeckte Erbe an seine Kinder weitergeben. »Das Judentum«, sagte er zum Abschluss, »ist die einzige Religion, in der es die erste Pflicht der Eltern ist, ihre Kinder lesen zu lehren – damit sie die Tora lesen können...«

Er war für mich der Erste von vielen. In Frankreich schien eine ganze Generation von Juden ihre Beziehung zum Judentum neu zu bewerten, einschließlich derer, die sich weiterhin als Atheisten bezeichneten, wie die meisten meiner Freunde. Das gab mir einiges zu denken. Ihre Tradition ist zum Gutteil auch unsere. Wenn sie recht damit haben, sich, auch ohne an Gott zu glauben, wieder auf sie zu besinnen, sie zu erforschen und anzunehmen, ist dann nicht die Verachtung, die wir ihr gegenüber allzu oft an den Tag legen, ziemlich dumm? Sollte man sich nicht fragen, wie es möglich war, dass das jüdische Volk jahrhundertelang überleben konnte, ohne Staat, ohne Land, ohne andere Zuflucht als die Erinnerung und das Bekenntnis, und das mit einer solchen Kreativität, einer solchen Freiheit des Geistes, einem solchen Beitrag zum Fortschritt der Wissenschaften und der Völker?

Ich hatte plötzlich das Gefühl, in ein unbekanntes Territorium vorzustoßen und gleichzeitig heimzukehren.

Das Adjektiv »jüdisch-christlich« wurde damals eher abwertend gebraucht (besonders in Zusammenhang mit der

»jüdisch-christlichen Moral«, die als repressiv, kastrierend und Schuldgefühle hervorrufend verschrien war). Nietzsche oder der Hedonismus regierten unangefochten, und das war zunächst tatsächlich wie eine frische, befreiende Brise. Mit der Zeit allerdings sah ich darin auch eine Gefahr und eine Ungerechtigkeit. »Was stört sie nun eigentlich mehr, das Jüdische oder das Christliche?«, fragte ich mich. Die Antwort fiel unterschiedlich aus, je nach Moment und Milieu. Ich selbst merkte jedoch, dass mich keins von beiden störte, im Gegenteil, für den Atheisten, der ich geworden war, ergab sich daraus sogar eine doppelte geistige Verpflichtung. Kurz, in Gedanken an meine jüdischen Freunde und aus Abscheu vor den Antisemiten definierte ich mich gelegentlich, wenn man mich nach meiner Religion fragte, als »assimilierter Goi«. Das war zwar ein Witz, der aber, aus einem anderen Blickwinkel, auch etwas darüber sagte, was es in einem jüdisch-christlichen Land bedeutet, bekennender Atheist zu sein…

Zwei Rabbiner, ein Dalai Lama und ein Mann aus dem Périgord

Die lustige Geschichte geht in dieselbe Richtung: Es ist eine jüdische Geschichte, die ich einmal auf einer Konferenz in einer Stadt im Osten Frankreichs erzählte, in Straßburg, wenn ich mich recht erinnere. Nach der Konferenz gab es einen Cocktail, auf dem ich mit einigen Würdenträgern und wichtigen Persönlichkeiten bekanntgemacht wurde, darunter ein Großrabbiner der Stadt. Wir stießen miteinander an, und er sagte lächelnd zu mir:

»Vorhin bei Ihrem Vortrag ist etwas Komisches passiert...«

»Und was?«

»Sie sprachen über das Bekenntnis... Ich beugte mich zu meinem Nachbarn und flüsterte ihm ins Ohr: ›Das erinnert mich an eine jüdische Geschichte, ich erzähle sie dir nachher...‹ Und genau diese Geschichte haben Sie ein paar Sekunden später selbst erzählt!«

Hier also eine Geschichte, die immerhin vom Großrabbinat von Straßburg und Umgebung bestätigt wurde: Sie handelt von zwei Rabbinern, zwei Freunden, die einander alles sagen können. Sie sitzen bis spät in die Nacht beisammen, essen und diskutieren über die Existenz Gottes. Am Ende kommen sie zu dem Schluss, dass es Gott nicht gibt. Und gehen schlafen... Bei Tagesanbruch erwacht der eine, sucht nach seinem Freund, findet ihn nicht im Haus, geht hinaus, trifft ihn schließlich im Garten bei seinen rituellen Morgengebeten an und fragt überrascht, was er da mache.

»Das siehst du doch: meine rituellen Morgengebete...«

»Das ist es ja, was mich wundert! Da reden wir die halbe Nacht und kommen dabei zu dem Schluss, dass Gott nicht existiert, und dann machst du deine rituellen Morgengebete?!«

»Was hat denn Gott damit zu tun?«

Jüdischer Humor – jüdische Weisheit. Es ist natürlich komisch, weiter seine rituellen Morgengebete zu verrichten, wenn man nicht mehr an Gott glaubt, darüber muss man lächeln. Aber vielleicht verbirgt oder enthüllt dieses Lächeln auch eine Lektion. Wenn andere sich über mein Bekenntnis zur jüdisch-christlichen Tradition wundern, obwohl ich doch Atheist bin, oder über meinen Atheismus, obwohl ich mich doch zu dieser Tradition bekenne, gebe ich manchmal einfach zur Antwort: »Was hat denn Gott damit zu tun?« Wer Ohren hat und Humor, der höre.

Dass man dazu weder Jude noch Christ sein oder gewesen sein muss, versteht sich eigentlich von selbst. Sowenig es ein auserwähltes Volk gibt, so wenig gibt es eine obligate Kultur. Wäre ich in China, Indien oder Afrika aufgewachsen, sähe mein Weg natürlich anders aus. Auch dieser würde jedoch zu einer Art Bekenntnis führen (sei es auch kritisch oder gottlos wie meines), weil das, was in jeder der unzähligen Kulturen und mehr noch in ihrer Begegnung, die die wahre Kultur ist, an universell Menschlichem steckt, nur durch das Bekenntnis Wirklichkeit werden kann. »Wenn man nicht weiß, wohin man geht«, sagt ein afrikanisches

Sprichwort, »sollte man sich erinnern, woher man kommt.« Einzig diese Erinnerung – die Geschichte, die Kultur – erlaubt es herauszufinden, wohin man gehen *will.* Fortschrittlichkeit und Bekenntnis passen gut zusammen. Das Universelle liegt nicht hinter, sondern vor uns. Keiner wird anders dahin gelangen als über seinen eigenen Weg.

Woher ich meine letzte Anekdote habe, weiß ich nicht mehr. Anscheinend stammt sie aber von einem verlässlichen Ohrenzeugen. Nach einem Vortrag des Dalai Lama irgendwo in Europa tritt ein junger Franzose an ihn heran und sagt zu ihm: »Eure Heiligkeit, ich möchte zum Buddhismus konvertieren.« – »Warum zum Buddhismus?«, antwortet darauf der Dalai Lama in seiner unermesslichen Weisheit. »In Frankreich haben Sie das Christentum, und das ist doch sehr gut!« Ich kenne keinen Satz, der weniger mit der Religion, dafür aber umso mehr mit dem Bekenntnis zu tun hat als dieser. Er erinnert mich an die sehr bekannte Formulierung Montaignes in der *Apologie für Raymond Sebond:* »Christen sind wir im gleichen Sinne, wie wir Perigorden oder Deutsche sind.« Einer seiner besten Kommentatoren, Marcel Conche, schloss daraus zu Recht, dass Montaigne, der unbestreitbar aus dem Périgord stammte, ebenso unbestreitbar Christ gewesen sein muss. Und das war er bestimmt, wenn auch auf eine Weise, die seiner Kirche nicht gefiel (die *Essays* wurden 1676 auf den Index gesetzt) und uns darüber im Unklaren lässt, ob er nun an Gott glaubte oder nicht. Sein Satz hilft uns dabei nicht weiter. Er legt bloß nahe – und das zeichnet ihn aus –, dass es vielleicht auch nicht so wichtig ist und dass das Bekenntnis, wie ich es verstehe, am Ende mehr zählt als der Glaube.

Was ändert sich, wenn man den Glauben verliert?

Das bedeutet nicht, dass Atheist zu sein oder zu werden nichts ändert. Ich kann den Unterschied ermessen: In den entscheidendsten Jahren meines Lebens – Kindheit und Jugend – war ich gläubig, danach war es anders. Nicht total, aber doch. Das kann übrigens Kant aus seiner Sicht des gläubigen Philosophen bestätigen. In einer berühmten Passage der *Kritik der reinen Vernunft* fasst er den Bereich der Philosophie in drei Fragen zusammen: Was kann ich wissen? Was soll ich tun? Was darf ich hoffen? Lassen Sie uns unter diesem Aspekt kurz die Veränderungen betrachten, die sich aus einem Verlust des Glaubens ergeben.

Am Wissen ändert sich gar nichts. Die Wissenschaften bleiben sich gleich, in denselben Grenzen. Unsere Forscher wissen das sehr gut. Ob sie an Gott glauben oder nicht, beeinflusst vielleicht ihre Art, mit ihrem Beruf umzugehen (ihre seelische Verfassung, ihre Motivation, den höchsten Sinn, den die Arbeit für sie hat); die Ergebnisse aber und der Stand der Theorie, also auch ihr Beruf als solcher sind davon unabhängig (sonst wären sie keine Wissenschaftler mehr). Die subjektive Beziehung zum Wissen kann sich verändern; das Wissen selbst aber und dessen objektive Grenzen bleiben unverändert.

Auch an der Moral ändert sich nichts oder fast nichts.

Wenn Sie den Glauben verloren haben, werden Sie deshalb nicht plötzlich Ihre Freunde verraten, stehlen oder vergewaltigen, morden oder quälen! »Wenn es keinen Gott gibt«, schrieb Dostojewskij, »dann ist alles erlaubt.« Wieso denn? Ich erlaube mir doch nicht alles! Die Moral ist autonom, zeigt Kant, oder sie ist nicht. Wenn einer sich das Morden nur aus Furcht vor einer göttlichen Strafe versagt, ist sein Verhalten moralisch wertlos: Es wäre nur Vorsicht, Angst vor der Gottespolizei, Egoismus. Und wer nur zu seinem eigenen Heil Gutes tut, tut nichts Gutes (weil er aus Eigeninteresse handelt statt aus Verpflichtung oder Liebe) und wird nicht gerettet werden. Das ist die höchste Erkenntnis Kants, der Aufklärung und der Menschlichkeit: Nicht weil Gott etwas befiehlt, ist es gut (denn dann hätte Abraham Gutes getan, indem er seinen Sohn opferte), sondern weil eine Handlung gut ist, ist es möglich zu glauben, dass sie von Gott befohlen wurde. Die Religion ist nicht mehr das Fundament der Moral; die Moral ist das Fundament der Religion. Da beginnt die Moderne. Religion, präzisiert Kant in der *Kritik der praktischen Vernunft,* sei die »Erkenntnis aller Pflichten als göttlicher Gebote«. Für jene, die keinen Glauben (mehr) haben, gibt es keine Gebote mehr, jedenfalls keine göttlichen; es bleiben die Gebote, die wir uns selbst als Verpflichtung auferlegt haben.

Wie Alain in seinen *Lettres à Sergio Solmi sur la philosophie de Kant* so schön formuliert: »Die Moral besteht darin, dass wir uns als geistige Wesen absolut verpflichtet wissen; denn Adel verpflichtet. Es gibt nichts anderes in der Moral als das Gefühl der Würde.« Stehlen, schänden, töten? Das wäre meiner unwürdig – unwürdig dessen, was aus der

Menschheit geworden ist, unwürdig der Erziehung, die ich erhalten habe, unwürdig dessen, der ich bin und sein will. Ich verbiete es mir also, und das nennt man Moral. Dazu braucht man nicht an Gott zu glauben; es genügt, seinen Eltern und Lehrern zu glauben, seinen Freunden (sofern man sie klug gewählt hat) und seinem Gewissen.

Wenn ich sage, dass das Vorhandensein eines religiösen Glaubens »fast« nichts an der Moral ändert, meine ich damit, dass es in bestimmten Fragen, die weniger mit Moral zu tun haben als mit Theologie, trotz allem ein paar kleine Unterschiede gibt. Denken Sie zum Beispiel an das Problem der Empfängnisverhütung im Allgemeinen und des Präservativs im Besonderen. Abtreibung ist ein moralisches Problem: Es stellt sich für Gläubige genauso wie für Atheisten, und es gab Befürworter einer Liberalisierung auf beiden Seiten, wenn auch in unterschiedlichem Verhältnis. Hingegen habe ich noch nie gehört, dass unter Atheisten das Kondom je als moralisches Problem angesehen wurde. Die Frage, ob es moralisch ist, ein Präservativ zu benutzen (als Verhütungsmittel oder um sich und andere vor Aids zu schützen), ist, wenn man keiner Religion angehört, leicht beantwortet! Es ist auch kein moralisches Problem; es ist ein theologisches Problem (obwohl ... in den Evangelien steht dazu nicht allzu viel!). Dasselbe gilt, unter uns gesagt, für die sexuellen Vorlieben des einen oder anderen. Zwischen erwachsenen Partnern, die sich einig sind, hat die Moral nichts verloren. Homosexualität zum Beispiel ist vielleicht ein theologisches Problem (was die Zerstörung von Sodom und Gomorrha in der Genesis nahelegt). Jedenfalls ist sie kein moralisches Problem (mehr), höchstens für jene, die

Moral mit Religion verwechseln, insbesondere, wenn sie in der buchstäblichen Lesart der Bibel oder des Korans nach etwas suchen, das ihnen ein eigenes Urteil ersparen könnte. Das ist ihr gutes Recht, sofern es sich nur um sie selbst handelt und sie die Gesetze unserer Demokratie (Souveränität des Volks und individuelle Freiheiten) achten. Und es ist unser gutes Recht, ihnen nicht zu folgen, sie zu bekämpfen, wenn wir es für richtig halten (sofern auch wir dabei die Gesetze respektieren) und unsere Freiheit des Gewissens und der Prüfung gegen sie zu verteidigen. Warum sollte ich meinen Geist einem Glauben unterwerfen, den ich nicht habe, einer Religion, die nicht die meine ist, Jahrhunderte oder Jahrtausende alten Diktaten von Clanchefs oder Kriegsherren? Bekenntnis ja, aber kritisch, durchdacht, aktualisiert. Blinde Unterwerfung nein.

Aber lassen wir diese Zänkereien und Archaismen. Ob man an Gott glaubt oder nicht, spielt in allen großen moralischen Fragen – außer für Fundamentalisten – keine besondere Rolle. Es ändert nichts an der Pflicht, den Anderen, sein Leben, seine Freiheit und Würde zu respektieren, noch daran, dass Liebe über dem Hass steht, Großzügigkeit über dem Egoismus, Gerechtigkeit über der Ungerechtigkeit. Die Religionen haben uns geholfen, das zu begreifen, und damit einen bedeutenden Beitrag zur Geschichte geleistet. Das heißt aber nicht, dass sie ein Monopol darauf haben oder dass es ausreicht, ihnen anzugehören. Bayle hat das schon Ende des 17. Jahrhunderts erkannt: »Wenn ein Atheist tugendhaft lebt, ist das nicht seltsamer, als wenn ein Christ sich zu allerhand Verbrechen hinreißen lässt.«

Die zwei Versuchungen der Postmoderne

Aber ach, wer liest denn heute noch Bayle! De Sade und Nietzsche sind bei unseren Intellektuellen mehr in Mode. Vielleicht weil sie unsere Müdigkeit mehr ansprechen, unseren Überdruss, unsere Sinne oder unseren abgestumpften Geist ... Alles wird auf Dauer langweilig, auch und vor allem die Größe. Gäbe es sonst Dekadenz? Zwei tödliche Versuchungen bedrohen die Moderne von innen oder verwandeln sie in eine Postmoderne: die Sophistik auf der theoretischen und der Nihilismus auf der praktischen Ebene. Die Postmoderne, um es mit Régis Debray zu sagen, ist das, was von der Moderne übrigbleibt, wenn das Licht der Aufklärung abgeschaltet wird: eine Moderne, die nicht mehr an die Vernunft und den (politischen, sozialen, menschlichen) Fortschritt glaubt, also auch nicht mehr an sich selbst. Wenn alles gleich viel wert ist, ist nichts mehr etwas wert: Die Wissenschaft ist dann nur noch eine Mythologie wie jede andere, der Fortschritt nur eine Illusion, und die Demokratie, in der die Menschenrechte respektiert werden, steht nicht mehr über der Sklavenhaltergesellschaft oder der Tyrannei. Was bleibt dann von der Aufklärung, dem Fortschritt und der Zivilisation?

Selbstverständlich ist der Fortschritt weder geradlinig noch garantiert. Das ist ein Grund, dafür zu kämpfen (auch Dekadenz ist möglich), und nicht, darauf zu verzichten.

»Sophistisch« nenne ich jeden Diskurs, der etwas anderem als der Wahrheit unterworfen ist oder die Wahrheit etwas anderem unterwerfen will als ihr selbst. Der Gipfel – oder vielmehr der Tiefpunkt – lässt sich in einer Formulierung dostojewskijscher Prägung, aber mehr nietzscheanischen Inhalts zusammenfassen: »Wenn es Gott nicht gibt, gibt es auch keine Wahrheit.«

»Nihilistisch« nenne ich jeden Diskurs, der die Moral umstürzen oder aufheben will, nicht weil sie relativ ist, was ich gern einräume (auch die Wissenschaften sind relativ – das ist aber kein Grund, sie abzulehnen), sondern weil sie, wie Nietzsche meint, unselig und verlogen sei. Das läuft letztlich auf Dostojewskijs Behauptung hinaus: »Wenn es keinen Gott gibt, ist alles erlaubt.« Der Gipfel – oder die Karikatur – dieser Haltung ist einer der berühmtesten und dümmsten Slogans des Mai 68: »Verbieten verboten!« An diesem Punkt wird Freiheit zu Zügellosigkeit, Revolte zu Lauheit, Relativismus zu Nihilismus. Das kann nur in die Dekadenz oder in die Barbarei führen. Dann gibt es keinen wichtigen Wert, keine zwingende Pflicht mehr, sondern nur noch mein Vergnügen oder meine Feigheit, nur noch Interessen und Kräfteverhältnisse.

Diese beiden Versuchungen – Sophistik und Nihilismus – hat Nietzsche in vielen seiner Werke, vor allem den letzten, mit der ihm eigenen Brillanz genial dargelegt (und beherrscht damit die Postmoderne; er ahnte den Abgrund, der ihn selbst fast verschlungen hätte). Das Wesentliche ist in einem Satz des *Zarathustra* zusammengefasst: »Nichts ist wahr, alles ist erlaubt.«

Die erste Behauptung führt sich logisch ad absurdum:

Wenn nichts wahr ist, ist es auch nicht wahr, dass nichts wahr ist – die Formel zerstört sich selbst, ohne sich zu widerlegen (wenn nichts wahr ist, ist auch nichts widerlegbar). Das ist das Ende der Vernunft. Man kann überhaupt nicht mehr denken, oder man kann denken, was man will, das läuft auf dasselbe hinaus. Alles ist gleich, alles ist möglich (aber der Fortschritt des Denkens, ob philosophisch oder wissenschaftlich, besteht gerade darin, dass es überall ans Unmögliche stößt, was das Kennzeichen der Objektivität ist; dass man nie eine absolute Wahrheit erreicht, spricht nicht dagegen, dass man eine gewisse Zahl von Irrtümern widerlegen muss, die nicht wahr sein *können*). Das Wirkliche selbst wird ungreifbar. »Thatsachen giebt es nicht, nur Interpretationen«, schreibt Nietzsche in einem postumen Fragment. Und schon in *Jenseits von Gut und Böse:* »Die Falschheit eines Urteils ist uns noch kein Einwand gegen ein Urteil.« Das macht dieses Denken unwiderlegbar. Die Sophistik triumphiert: Die Wahrheit ist für viele unserer Zeitgenossen nur noch die letzte Illusion, von der es sich zu befreien gilt ... Es lässt sich erahnen, dass die Moral das nicht überlebt. Wenn nichts wahr ist, ist niemand an irgendetwas schuld und niemand unschuldig, es gibt nichts mehr, was man den Holocaust-Leugnern entgegensetzen könnte, den Lügnern und Schlächtern (weil es nicht wahr ist, dass sie es sind) oder sich selbst. Dadurch ebnet die Sophistik unvermeidlich dem Nihilismus den – bequemen und todbringenden – Weg.

Die zweite Behauptung ist vor allem moralisch gefährlich. Wenn alles erlaubt ist, gibt es nichts mehr, was man von sich selbst verlangen oder anderen vorwerfen könnte. Mit welcher Begründung sollte man dann das Grauen, die Gewalt, die Ungerechtigkeit bekämpfen? Also überlässt man sich selbst dem Nihilismus oder der Willenlosigkeit (wobei der Nihilismus nur die schicke Form der Willenlosigkeit ist) und ebnet damit Fanatikern oder Barbaren den Weg. Wenn alles erlaubt ist, sind auch Terrorismus, Folter, Diktatur oder Völkermord erlaubt. »Die Unmoral einer Handlung«, könnte man dann sagen, »ist noch kein Einwand gegen diese Handlung.« Was wollen die Schlächter mehr? Oder die Feiglinge? Die Wahrheit sagen, lügen, Geschichten erzählen – läuft doch aufs Gleiche hinaus. So spielt der Nihilismus der – bald öden – Sophistik in die Hände.

Nietzsche selbst ist dieser doppelten Versuchung durch sein Genie und seinen Ästhetizismus (den »großen Stil«, d. h. die Absicht, sein Leben zu einem Kunstwerk zu machen) überwiegend entgangen, das weiß ich und finde es auch bemerkenswert. Aber ich halte es eher für eine Sackgasse als für einen Ausweg. Das eigene Leben zum Kunstwerk machen zu wollen heißt (abgesehen vom Narzissmus, der darin steckt), sich in der Kunst zu täuschen und sich über das Leben zu belügen. Denken Sie etwa an Oscar Wilde oder an Nietzsche selbst: Was für ein klägliches Leben, was für ein Elend, wenn man die großen Worte des *Zarathustra* bedenkt, die vor diesem Hintergrund so verräterisch, so lächerlich erscheinen! Aber das ist ein anderes Kapitel. Ich wollte nur betonen, dass das Bekenntnis, wie ich es verstehe, verlangt, den Versuchungen des Nihilismus und der Sophistik zu widerstehen. Wenn es keine Wahrheit gäbe, gäbe es kein Wissen, also auch keinen Fortschritt des Wissens. Wenn es keine Werte gäbe oder sie nichts wert wären, gäbe es weder Menschenrechte noch sozialen oder politischen Fortschritt. Jeder Kampf wäre sinnlos. Und jeder Friede.

Dieser doppelten Versuchung unserer Zeit müssen wir, besonders die Atheisten, einen doppelten Widerstand entgegensetzen: Rationalismus (gegen die Sophistik) und Humanismus (gegen den Nihilismus). Auf diesen beiden Bollwerken ruht das, was seit dem 18. Jahrhundert als Aufklärung bekannt ist.

Es ist nicht wahr, dass nichts wahr ist. Es ist klar, dass kein Wissen *die* (absolute, ewige, unendliche) Wahrheit ist. Aber nur dank dem (stets relativen, ungefähren, historischen) Quentchen Wahrheit, das es enthält, oder dem Quentchen Irrtum, das es widerlegt, ist es überhaupt Wissen. Deshalb kommt es voran. »Durch Vertiefungen und Streichungen« (Cavaillès), »durch Versuch und durch Eliminierung von Irrtümern« (Popper), aber es kommt voran. Der Fortschritt, betont Bachelard, sei »die eigentliche Dynamik der wissenschaftlichen Kultur (...); die Wissenschaftsgeschichte ist die Geschichte der Niederlagen des Irrationalismus«. Bekenntnis zur Vernunft. Bekenntnis zum Geist. Bekenntnis zum Wissen. »Sapere aude«, wie Kant nach Horaz und Montaigne sagte: Wage zu wissen, wage dich deines Erkenntnisvermögens zu bedienen, wage das vielleicht Wahre vom sicher Falschen zu unterscheiden!

Es ist nicht wahr, dass alles erlaubt ist, besser gesagt, es hängt von jedem Einzelnen ab, dass es nicht so ist. Menschlichkeit und Verpflichtung zur Menschlichkeit, das nenne ich praktischen Humanismus, der keine Religion ist, aber eine Moral. »Nichts ist so schön und so berechtigt«, sagte

Montaigne, »als gut und recht ein Mensch zu sein.« Gut und recht Mann oder Frau zu sein (weil der Mensch in zwei Geschlechtern auftritt) – das ist tätiger Humanismus, das Gegenteil des Nihilismus. Es geht darum, sich dessen, was die Menschheit aus sich und die Zivilisation aus uns gemacht hat, würdig zu erweisen. Die erste Pflicht und das Prinzip aller anderen Pflichten ist es daher, *menschlich* zu leben und zu handeln.

Religion genügt nicht, und sie enthebt niemanden dieser Pflicht. Atheismus auch nicht.

Fröhliche Verzweiflung

Bleibt die dritte Frage Kants: Was darf ich hoffen? Da liegt für unser Thema das Wesentliche. Den Glauben zu verlieren ändert nichts am Wissen und wenig an der Moral. Aber es verändert das Ausmaß der Hoffnung – oder der Verzweiflung – im Leben jedes Einzelnen beträchtlich.

Was dürfen Sie hoffen, wenn Sie an Gott glauben? Alles, jedenfalls das Wichtigste: dass am Ende das Leben über den Tod triumphiert, die Gerechtigkeit über die Ungerechtigkeit, der Friede über den Krieg, die Liebe über den Hass, das Glück über das Unglück ... »unendlich viele von unendlich glücklichen Leben«, wie Pascal schreibt. Philosophisch sehe ich darin eher einen Einwand gegen die Religion; das werde ich im nächsten Kapitel erläutern. Aber subjektiv gibt die Hoffnung, die unserer Argumente spottet, der Religion recht und garantiert ihr noch viele fette Jahre.

Und was dürfen Sie hoffen, wenn Sie nicht oder nicht mehr an Gott glauben? Nichts, jedenfalls nichts Absolutes oder Ewiges, das über den »sehr dunklen Grund des Todes«, wie Gide sagte, hinausführt, so dass all unsere Hoffnungen für dieses Leben, so legitim sie auch sein mögen (dass es weniger Krieg gebe, weniger Leid, weniger Ungerechtigkeit), schließlich in dem letzten Nichts untergehen, das alles verschlingt, das Glück wie das Unglück. Dazu kommen noch die Ungerechtigkeit, dass der Tod Unschuldige und Schuldige gleichermaßen trifft, sowie zusätzliches Leid durch die Verluste, die wir hinnehmen müssen, und uns bleibt nur die Verzweiflung oder die Zerstreuung, um zu vergessen. Unsere Welt ist die Welt von Lukrez oder die Welt von Camus: Die Natur ist blind, unsere Wünsche sind grenzenlos, und nur der Tod ist unsterblich. Das ist kein Grund, nicht für Gerechtigkeit zu kämpfen, aber es hindert uns, rückhaltlos an sie oder an ihren Triumph zu glauben. Pascal, Kant und Kierkegaard haben recht: Ein kluger Atheist entgeht der Verzweiflung nicht. In meinen ersten Büchern, besonders in *Traité du désespoir et de la béatitude*, habe ich versucht, das zu Ende zu denken. Um mich im Unglück zu suhlen? Im Gegenteil! Um es hinter mir zu lassen, um zu zeigen, dass man das Glück nicht erhoffen sollte, sondern leben, hier und jetzt! Die Verzweiflung hebt man damit nicht auf. Aber warum aufheben? Lieber annehmen, und zwar möglichst fröhlich. Die Weisheit der Verzweiflung ist das Wissen um die Endlichkeit des Glücks, um dessen Unbeständigkeit und um dessen Nähe zur Verzweiflung. Das ist weniger paradox, als es klingt. Man erhofft nur, was man nicht hat. Hofft man auf Glück, heißt das, dass es einem fehlt. Ist es da, worauf soll man dann noch hoffen? Dass es bleibt? Das heißt, man fürchtet, dass es zu Ende gehen könnte, und da löst sich das Glück bereits in Angst auf... Das ist die Falle der Hoffnung, mit oder ohne Gott: Vor lauter Hoffen auf das Glück von morgen verbieten wir uns, es heute zu leben.

»Was wäre ich glücklich, wenn ich glücklich wäre!«, scherzt Woody Allen. Aber wie kann er glücklich sein, wenn er immer nur hofft, es zu werden? So geht es uns allen. Wenigstens tendenziell. »So lechzen wir ständig nach uns unbekannten künftigen Dingen«, wie Montaigne meint. Sind immer unzufrieden. Voller Hoffnungen und Befürchtungen. Glück heißt haben, was man sich wünscht. Und wenn der Wunsch gleich Mangel ist? Wenn man sich nur wünscht, was man nicht hat, hat man nie, was man sich wünscht. So trennt uns vom Glück die Hoffnung, die nach ihm sucht, und von der Gegenwart, die alles ist, trennt uns die Zukunft, die nicht ist. Pascal hat das Entscheidende genial auf den Punkt gebracht: »Wir leben nie, aber wir hoffen zu leben, und da wir uns immer einrichten, glücklich zu sein, so ist es keinem Zweifel unterworfen, dass wir es nie sein werden.« Ich wollte dem, was für Pascal so zweifelsfrei feststand, entkommen und dafür eine Weisheit der Verzweiflung finden, die an die Weisheit der Epikureer und Stoiker sowie an die Spinozas im Okzident anknüpfte und an die Weisheit des Buddhismus und des Samkhya im Orient (»Nur der Hoffnungslose ist glücklich«, ist im *Samkhya-Sutra* zu lesen, »denn die Hoffnung ist die größte Qual und die Verzweiflung das größte Glück«). Das Paradoxon ist auch hier nur allzu offensichtlich. Der Weise wünscht nur, was ist oder von ihm abhängt. Warum sollte er hoffen? Der Verrückte wünscht nur, was nicht ist (er hofft, statt zu lieben) und nicht von ihm abhängt (er hofft, statt zu wollen). Wie sollte er glücklich sein? Er hört nicht auf zu hoffen. Wie sollte er aufhören, sich zu fürchten?

Spinoza erklärt, »dass es keine Hoffnung ohne Furcht und keine Furcht ohne Hoffnung gibt«. Wenn Gelassenheit, wie man sie üblicherweise versteht, die Abwesenheit von

Furcht ist, dann ist sie auch die Abwesenheit von Hoffnung – und damit ist die Gegenwart frei für das Handeln, für Wissen und Freude! Das hat nichts mit Passivität, Faulheit oder Resignation zu tun. Wünschen, was von uns abhängt (wollen), heißt, sich die Möglichkeit dazu zu geben. Wünschen, was nicht von uns abhängt (hoffen), heißt, sich der Ohnmacht und der Verbitterung auszuliefern. Damit ist der Weg klar. Der Weise ist ein Mann der Tat, der Dumme begnügt sich mit Zittern und Hoffen. Der Weise lebt in der Gegenwart: Er begehrt nur, was ist (Annahme, Liebe) oder was er tut (Wille). Das ist der Geist der Stoa. Das ist der Geist Spinozas. Das ist, was immer auch die Lehren sind, der Geist jeder Weisheit. Nicht die Hoffnung veranlasst zum Handeln (wie viele Menschen hoffen auf Gerechtigkeit und tun nichts dafür?), sondern der Wille. Nicht die Hoffnung befreit, sondern die Wahrheit. Nicht die Hoffnung gibt Leben, sondern die Liebe.

Verzweiflung kann also belebend, heilsam, fröhlich sein. Verzweiflung ist das Gegenteil des Nihilismus oder das Gegengift. Nihilisten sind nicht verzweifelt, sondern enttäuscht (und man kann nur enttäuscht werden, wenn man sich Hoffnungen gemacht hat), empört, verbittert, voll Rachsucht und Groll. Sie verzeihen es dem Leben, der Welt, den Menschen nicht, dass ihre Hoffnungen enttäuscht wurden. Aber wer kann denn etwas dafür, dass ihre Hoffnungen trügerisch waren? Wer nichts hofft, kann nicht enttäuscht werden. Wer nichts wünscht, außer was ist oder von ihm abhängt (sich also damit begnügt, zu lieben und zu wollen), wird nicht empört oder verbittert sein. Das Gegenteil von Groll ist Dankbarkeit. Das Gegenteil von Rachsucht Mitgefühl. Das Gegenteil von Nihilismus sind Liebe und Mut.

Wer wollte leugnen, dass es im menschlichen Dasein Anlass zur Verzweiflung gibt? Das ist aber kein Grund, das Leben nicht mehr zu lieben, ganz im Gegenteil! Dass eine Reise irgendwann zu Ende geht, ist ja auch kein Grund, sie gar nicht erst anzutreten oder sie nicht zu genießen. Dass wir nur ein einziges Leben haben – ist das ein Grund, es zu vergeuden? Dass es keinen sicheren Sieg, ja nicht einmal einen unwiderruflichen Fortschritt für Frieden und Gerechtigkeit gibt – ist das ein Grund, nicht mehr für sie zu kämpfen? Natürlich nicht! Im Gegenteil, das sind triftige Gründe, alles für das Leben, den Frieden, die Gerechtigkeit – und unsere Kinder – zu tun. Dass das Leben kurz und vergänglich ist, macht es nur umso kostbarer. Da Gerechtigkeit und Frieden nicht mit Sicherheit siegen, brauchen wir beides umso nötiger, umso dringender. Und ganz allein mit seinem Mut und seiner Liebe ist der Mensch erst richtig fähig, Veränderungen zu bewirken. »Wenn du verlernt hast zu hoffen«, schrieb Seneca, »lehre ich dich zu wollen.« Und zu lieben, möchte ich mit Spinoza hinzufügen.

Ich habe darüber ein paar Bücher geschrieben und hatte dabei, nicht ganz zu Unrecht, das Gefühl, mich im Gegensatz zum Christentum zu befinden. »Doch der Gegensatz zum Verzweifeltsein ist Glauben«, behauptet Kierkegaard. Ich habe den Satz umgedreht: »Der Gegensatz zum Glauben ist die Verzweiflung«, und den Begriff »fröhliche Verzweiflung« benutzt (ein bisschen im Sinne von Nietzsches *fröhlicher Wissenschaft*), dessen bitteren, belebenden Geschmack ich immer noch mag.

Das Paradies und die Liebe

So weit war ich mit meinen Überlegungen vor etwa fünfzehn Jahren. Im Grunde denke ich heute nicht anders, außer in einem Punkt: Ich bin mir nicht mehr so sicher, ob sich Religion und Atheismus an der (sicher wichtigen) Frage der Hoffnung scheiden.

Noch eine Anekdote: Vor ein paar Jahren hielt ich in einer Provinzstadt einen Vortrag über die Idee einer Spiritualität ohne Gott. Danach wurde ich von einigen Leuten angesprochen, unter ihnen ein älterer Mann, der sich als katholischer Priester vorstellte (tatsächlich trug er ein kleines goldenes Kreuz im Knopfloch). »Ich möchte mich bei Ihnen bedanken«, sagte er. »Ihr Vortrag hat mir sehr gefallen.« Dann fügte er hinzu: »Ich bin ganz Ihrer Meinung.« Ich dankte ihm und fragte nach: »Ein wenig überrascht es mich doch, wenn Sie sagen, Sie seien ganz meiner Meinung, Hochwürden... Immerhin glaube ich nicht an die Existenz Gottes oder die Unsterblichkeit der Seele, damit können Sie nicht einverstanden sein!« Der alte Priester lächelte sanft. »Das alles«, antwortete er, »hat so wenig Bedeutung.«

Es ging um die Existenz Gottes und die Unsterblichkeit der Seele, und er war ein katholischer Priester! Ich weiß nicht, was sein Bischof von dieser Bemerkung gehalten hätte, aber orthodox – oder katholisch – betrachtet, ist sie wohl eher fragwürdig. Ich kann mir gut vorstellen, was christliche oder muslimische Fundamentalisten davon halten: Sie würden darin ein Werk des Teufels oder des Relativismus sehen. Pech für sie. Ich jedenfalls sah in diesen Worten den wahren Geist des Evangeliums. Dass Jesus an Gott und die Wiederauferstehung glaubte, ist überaus wahrscheinlich. Welcher Jude glaubte damals nicht daran? Aber was ich von der Lektüre der Evangelien behalten habe, ist weniger, was Jesus über Gott oder ein mögliches Leben nach dem Tod sagt (übrigens nicht allzu viel), sondern was er über den Menschen und das irdische Leben sagt. Erinnern Sie sich an den barmherzigen Samariter! Er ist kein Jude. Er ist kein Christ. Wir wissen nichts von seinem Glauben oder von seinem Verhältnis zum Tod. Er ist nur der Nächste seines Nächsten: Er beweist Mitgefühl und Barmherzigkeit. Und ihn, nicht einen Priester oder Leviten, nennt Jesus uns ausdrücklich als Vorbild. Daraus habe ich geschlossen, dass sich der Wert eines Menschenlebens nicht danach bemisst, ob dieser Mensch an Gott oder an ein Leben nach dem Tod glaubt oder nicht. Die einzige Wahrheit in Bezug auf diese beiden Fragen ist, dass wir nichts darüber wissen (darauf komme ich noch zurück). Nur das trennt uns hier, ob gläubig oder ungläubig: was wir nicht wissen. Das hebt unsere Meinungsverschiedenheiten nicht auf, relativiert aber deren Tragweite. Es wäre Wahnsinn, dem Trennenden, von dem wir nichts wissen, mehr Bedeutung zuzumessen als der Verständigung über das, was wir – aus Erfahrung und mit dem Herzen – sehr gut wissen: dass nicht Glaube oder Hoffnung den Wert eines Menschenlebens ausmachen, sondern in welchem Maße man zu Liebe, Mitgefühl und Gerechtigkeit fähig ist!

Erinnern Sie sich an das Hohelied der Liebe im ersten Korintherbrief! Das ist dieser wunderschöne Text, in dem Paulus von Glaube, Hoffnung, Liebe (oder Barmherzigkeit: *agape*) spricht, die später die drei theologalen Tugenden genannt wurden. Und die Liebe, sagt Paulus, ist die größte unter ihnen. Und wenn ich mit Menschen- und Engelszungen reden oder weissagen könnte oder einen Glauben hätte, der Berge versetzt, so wäre ich doch nichts, hätte ich die Liebe nicht. Dann fügt er noch hinzu: Alles wird aufhören, aber »die Liebe höret nimmer auf«. Viele von uns haben diesen Text schon Dutzende Male gelesen oder gehört, ohne sich zu fragen, was das heißen soll… Glücklicherweise gibt es große Denker, die uns zum Nachdenken bringen. Augustinus fragt sich beim Lesen dieses Textes: Heißt das auch, dass der Glaube aufhört? Und die Hoffnung? Und beantwortet die beiden Fragen mindestens zwei Mal (im Sermon 158 und in den Soliloquien 1,7) mit Ja.

Der Glaube wird vergehen: Im Paradies ist kein Platz mehr dafür, weil man dann *in* Gott *ist,* Ihn erkennt, Ihn von Angesicht zu Angesicht schaut. »Das ist kein Glaube mehr, sondern Schau«, schreibt Augustinus. Die Liebe wird umso stärker sein: »Wenn wir jetzt lieben, wo wir glauben, ohne zu sehen, wie sollten wir dann nicht lieben, wenn wir sehen und besitzen?«

Die Hoffnung wird vergehen: Im Paradies haben die Seligen nichts mehr zu hoffen. Selbst das, was wir heute hoffen (dass Gott »alles in allen« sei), »werden wir besitzen, und das wird keine Hoffnung mehr sein, sondern Wirklichkeit«. Die Liebe wird trotzdem weiter bestehen, nein, besser: »Die Barmherzigkeit ist dann vollkommen.«

Im Paradies sind Glaube und Hoffnung zum Verschwinden bestimmt: »Wie sollte der Glaube notwendig sein, wenn die Seele schaut? Und die Hoffnung, wenn sie besitzt?« Das sind vorläufige Tugenden, die nur für dieses Leben Bedeutung haben. »Nach diesem Leben«, fügt Augustinus hinzu, »wenn die Seele ganz in Gott gesammelt ist, bleibt allein die Liebe, um sie dort zu halten.« Und weiter: »Man kann dann nicht mehr sagen, die Seele hat einen Glauben oder glaubt an diese Wahrheiten, denn es gibt dort kein falsches Zeugnis, das sie davon abbringen könnte; und sie wird nichts mehr zu hoffen haben, weil sie alles Gute sicher besitzt.« Der Schluss ergibt sich von selbst, und Augustinus spricht ihn gelassen aus: »Alle drei Tugenden, Glaube, Hoffnung und Liebe, sind notwendig in diesem Leben; aber nach diesem Leben genügt die Liebe.«

Paulus hat also recht. Im Paradies wird es keinen Glauben und keine Hoffnung mehr geben – nur noch Barmherzigkeit, nur noch Liebe!

Aus der Sicht des bekennenden Atheisten, der ich zu sein versuche, würde ich schlicht hinzufügen: Da sind wir schon. Wozu von einem Himmelreich träumen? Das Paradies ist hier und jetzt. Es liegt an uns, diesen materiellen wie spirituellen Raum zu bewohnen (die Welt, uns selbst – die Gegenwart), wo man nichts glauben muss, weil man wissen kann, wo man nichts hoffen muss, weil man tun und lieben kann – *tun,* was von uns abhängt; *lieben,* was nicht von uns abhängt.

Bitte verstehen Sie mich richtig: Ich will aus Augustinus keinen Atheisten machen, der er im Gegensatz zu mir sicher nicht war! Ich will nur jenen Gläubigen, die meinen, dass wir zumindest teilweise schon im Paradies sind, den Gedanken nahebringen, dass dieses Paradies uns per definitionem gemeinsam ist; und dass wir, sie und ich, uns nur in Hoffnung und Glauben unterscheiden, nicht aber in der Liebe oder im Wissen.

Die Frage, ob sich das Paradies über den Tod hinaus erstreckt oder nicht, wird so – abgesehen davon, dass wir es nicht wissen – etwas lächerlich oder nebensächlich. Sie ist nur im Verhältnis zu unserem narzisstischen Interesse an uns selbst von Bedeutung, ja ich würde sogar den Grad der spirituellen Erhebung eines Individuums daran messen, wie egal ihm die eigene Unsterblichkeit ist. Wenn wir im Paradies sind, sind wir schon gerettet. Was könnte der Tod uns dann nehmen? Was könnte die Unsterblichkeit uns bringen?

Erstaunlicherweise geht Thomas von Aquin, der fast neunhundert Jahre später das Thema wieder aufgreift, noch weiter als Augustinus. Die wichtigsten Stellen sind in der *Summe der Theologie* zu finden (I-II, 65,5 und II-II, 18,2). Der Doctor angelicus sagt hier das Gleiche wie Augustinus: Im Himmelreich wird es weder Glauben noch Hoffnung geben (»beide kann es bei den Seligen nicht geben«), nur Barmherzigkeit und Liebe. Aber er fügt eine verblüffende Behauptung hinzu, die ich weder bei Augustinus noch irgendwo sonst je gelesen habe und die mich sehr erschüttert hat, als ich sie entdeckte. Der heilige Thomas schreibt einfach: »Es war in Christus eine vollkommene Barmherzigkeit; es war aber weder Glaube noch Hoffnung.«

Es leuchtet mir ein, dass Thomas von Aquin Christus Glauben und Hoffnung abspricht, da Christus Gott ist;

Gott muss nicht an Gott glauben, weil er sich als Gott weiß, und braucht nicht zu hoffen, weil er allwissend und allmächtig ist (man hofft nur, wenn man etwas nicht weiß oder nicht sicher ist, es zu schaffen). Das zeigt sich ganz deutlich, wenn man weiterliest: »Christus hatte weder Glauben noch Hoffnung aufgrund der Unvollkommenheit in ihnen. Aber anstelle des Glaubens hatte er die offene Schau; und anstelle der Hoffnung das vollständige Begreifen. Und so ward die Barmherzigkeit in ihm vollkommen.«

Aus der Sicht des bekennenden Atheisten, der ich zu sein versuche, verleiht es allerdings dem, was ein berühmtes Buch *Die Nachfolge Christi* nannte (so lautete sein Titel), eine außergewöhnliche und besonders tiefe Bedeutung. Wenn Jesus, wie sogar der heilige Thomas von Aquin eingesteht, weder Glauben noch Hoffnung hatte, dann besteht das Bekenntnis zu Christus – und der Versuch, mit unseren Mitteln seinem Beispiel zu folgen – nicht darin, seinem Glauben oder seiner Hoffnung nachzueifern; vielleicht seiner Weltsicht und seinem Begreifen, soweit wir können (dem entsprechen für Christen Glaube und Hoffnung und für Spinoza die Philosophie); auf jeden Fall aber heißt es, seiner Liebe nachzueifern (das ist die Ethik der Evangelien wie auch die Spinozas).

Ich weiß wohl, dass man die Evangelien anders auslegen kann, ja, für die meisten Christen auch muss. Damit bin ich übrigens einverstanden: Wäre Jesus ein Mensch, müsste er auch unser Unwissen, unsere Endlichkeit, unsere Angst, also auch Glauben und Hoffnung mit uns teilen (und in dem Fall auch mit den frommen Juden, denen er angehörte). Er kannte Traurigkeit und Angst (in Gethsemane etwa sagte er: »Meine Seele ist betrübt bis an den Tod«). Wie sollte er nicht die Hoffnung kennen? Aber mir geht es nicht um Exegese. Ich finde nur das, was Thomas von Aquin, wie vor ihm schon Augustinus und Paulus, formuliert hat, so berührend und erhellend: dass die Liebe das Größte ist, ja göttlicher und gleichzeitig menschlicher als Glaube und Hoffnung. Kurz, ich möchte das Trennende zwischen jenen, die an den Himmel glauben, wie Aragon sagte, und jenen, die es nicht tun, gar nicht aufheben. Ich will nur versuchen, zwischen ihnen einen Berührungs- oder Überschneidungspunkt zu finden, zu begreifen, was sie einander näher bringen könnte, worin sie sich begegnen und manchmal vielleicht sogar kommunizieren könnten.

Auch das ist ein Bekenntnis, aber eben mehr zum Verbindenden als zum Trennenden – das Bekenntnis zum Besten, was die Menschheit hervorgebracht hat. Die Evangelien gehören zweifellos dazu. Das würde ich allerdings auch von der sokratischen Tradition in Griechenland behaupten, von Buddha in Indien oder Lao Tse und Konfuzius in China. Warum sollte man sich zwischen diesen Gipfeln entscheiden? Warum eine Quelle ausschließen? Der Geist hat keine Heimat. Die Menschheit auch nicht. Intellektuell fühle ich mich oft dem Buddhismus oder Taoismus, ganz besonders aber dem Zen, das eine Art Synthese zwischen beiden bildet, näher als dem Christentum (und sei es nur, weil es in keiner dieser drei orientalischen Spiritualitäten einen Gott gibt, was für den Atheisten einfacher ist). Buddha oder Lao Tse überzeugen mich mehr als Moses oder Paulus, Nāgārjuna oder Dogen mehr als Meister Eckhart oder Franz von Assisi. Trotzdem werde ich keinen Ashram in der Auvergne gründen, das *Tao-te-king* nicht Buchstaben für Buchstaben rezitieren noch an die Wiedergeburt glauben ... Intellektuelle Nähe ist nicht alles. Auch die Gesellschaft, die einen von Kindheit an umgibt, die Verinnerlichung der Muttersprache (und der geistigen Strukturen, die sie mit sich bringt), Gewohnheiten, Traditionen, Mythen, Sinnlichkeit, Gefühle usw. spielen eine Rolle. Die Geschichte zählt mindestens so sehr wie der Intellekt. Die Geographie mehr als die Gene. Dass wir aus dem Abendland kommen, ist ein guter Grund, die Schrecken (Inquisition, Sklaverei, Kolonialismus, Totalitarismus ...) nicht zu vergessen, deren unsere Zivilisation sich schuldig gemacht hat, aber auch zu bewahren, was sie an Wertvollem und manchmal Unersetzlichem geschaffen hat. Atheisten gibt es auf der ganzen Welt. Aber ob man in Europa oder Amerika Atheist ist oder in Asien oder Afrika, macht gewiss einen Unterschied. Ich misstraue dem Exotismus, dem spirituellen Tourismus, dem Synkretismus, der Vernebelung durch *New age* oder der Schwärmerei für orientalische Denkrichtungen ... Ich möchte lieber unsere eigene Tradition vertiefen – die von Sokrates, Jesus, auch Epikur und Spinoza, Montaigne und Kant –, weil das mein Weg ist, und sehen, wohin sie den Atheisten führen kann.

Deshalb wende ich mich jetzt speziell an die Christen (denn das ist meine Familie schon von jeher, meine Geschichte, die sich fortsetzt). Ich fühle mich von euch nur durch drei Tage getrennt: durch das traditionelle Osterwochenende von Karfreitag bis Ostersonntag. Für den bekennenden Atheisten, der ich zu sein versuche (Atheist sein ist leicht, bekennender Atheist sein ist etwas ganz anderes), ist der größte Teil der Evangelien immer noch von Bedeutung. Äußerstenfalls halte ich fast alles darin für wahr – außer dem lieben Gott. »Äußerstenfalls« sage ich, weil ich nicht dazu neige, die andere Wange hinzuhalten, falls mich jemand angreift. »Fast«, weil ich kein Fan von Wundern bin. Aber die Gewaltlosigkeit ist ja nur ein Teil der christlichen Botschaft, den man durch andere relativieren muss. Und wer interessiert sich schon wegen der Wunder für die Evangelien? Mein Lehrer und Freund Marcel Conche sagte einmal zu mir, ich messe der neutestamentarischen Überlieferung, die er für wenig rational hält, zu viel Bedeutung zu. Philosophie ist ihm lieber. Er bevorzugt die Griechen. Und hielt mir entgegen: »Die Argumente eures Jesus müssen ziemlich mies gewesen sein, wenn er es nötig hatte, übers Wasser zu laufen.« Mit dieser Bemerkung brachte er mich oft zum Lachen, mir scheint sie treffend, aber sie verfehlt den Kern. Ich glaube nicht an Wunder und könnte darauf verzichten, ebenso wie viele Christen, weil Wunder nicht das Entscheidende im Neuen Testament sind. Jesus ist kein Fakir oder Magier. Die Liebe ist der Kern seiner Botschaft, nicht die Wunder.

Deshalb finde ich sein Leben, wie es erzählt wird, so berührend und erhellend. Das Neugeborene im Stall, das Kind, das verfolgt wird, der Jugendliche, der erst mit den Gelehrten, dann mit den Händlern im Tempel streitet, der Vorrang der Liebe (daran »hängt das ganze Gesetz und die Propheten«), dass »der Sabbat um des Menschen willen gemacht [sei] und nicht der Mensch um des Sabbats willen«, die Hin- oder Vorwegnahme des Laizismus (»So gebt dem Kaiser, was des Kaisers ist«), der Sinn für das universell

Menschliche (»Was ihr nicht getan habt einem unter diesen Geringsten, das habt ihr mir auch nicht getan«), der Bezug zur Gegenwart (»Darum sorgt nicht für morgen, denn der morgige Tag wird für das Seine sorgen«), die Freiheit des Geistes (»die Wahrheit wird euch frei machen«), das Gleichnis vom Barmherzigen Samariter, vom reichen Jüngling (»Es ist leichter, dass ein Kamel durch ein Nadelöhr gehe, als dass ein Reicher ins Reich Gottes komme«), vom verlorenen Sohn, die Episode mit der Ehebrecherin, die Annahme der Sünder und Ausgestoßenen, die Bergpredigt (»Selig sind die Sanftmütigen; selig sind, die da hungert und dürstet nach der Gerechtigkeit; selig sind die Friedfertigen«), die Einsamkeit (auf dem Ölberg etwa), der Mut, die Erniedrigung, die Kreuzigung … das muss einen doch berühren. Sagen wir, ich habe mir eine Art inneren Christus zurechtgezimmert, der mich begleitet oder leitet. Dass er sich für Gott hielt, kann ich nicht glauben. Sein Leben und seine Botschaft bewegen mich deshalb nicht weniger. Aber die Geschichte endet für mich in Golgatha, als Jesus, den Psalmisten zitierend, am Kreuz aufschreit: »Mein Gott, mein Gott, warum hast du mich verlassen?« Hier ist er wahrhaftig unser Bruder, weil er unsere Not, unsere Angst, unser Leiden, unsere Einsamkeit und unsere Verzweiflung teilt.

Der Unterschied, den ich gar nicht wegdiskutieren will, besteht darin, dass für die Gläubigen die Geschichte noch drei Tage weitergeht. Mir ist durchaus bewusst, dass diese drei Tage, die sich durch die Auferstehung zur Ewigkeit öffnen, einen verdammten Unterschied bilden, der sich nicht aufheben lässt. Aber wäre es dann nicht vernünftiger, diesen drei Tagen, die uns trennen, weniger Bedeutung zuzumessen als den dreiunddreißig Jahren vorher, die uns, zumindest in ihrem menschlichen Gehalt, einen?

Gäbe es den Henkern recht, wenn Jesus nicht auferstanden wäre? Würde das seine Botschaft von Liebe und Gerechtigkeit Lügen strafen? Natürlich nicht. Also bleibt das Wesentliche, und das ist nicht die Erlösung, sondern »die Wahrheit und das Leben«.

Gibt es ein Leben nach dem Tod? Darüber wissen wir nichts. Christen glauben daran, meistens. Ich glaube nicht daran. Aber es gibt ein Leben *vor* dem Tod, und das bringt uns einander näher!

Fassen wir zusammen: Man kann auf Religion verzichten; nicht aber auf Kommunion, Bekenntnis, Liebe. Was uns darin eint, ist wichtiger als das, was uns trennt. Gläubige und Ungläubige können in Frieden miteinander leben. Das Leben ist kostbarer als die Religion (was den Inquisitoren und Henkern unrecht gibt); die Kommunion ist kostbarer als die Kirchen (was den Sektierern unrecht gibt); das Bekenntnis ist kostbarer als der Glaube oder der Atheismus (was den Nihilisten ebenso unrecht gibt wie den Fanatikern); und schließlich – das gibt den anständigen Menschen recht, egal ob gläubig oder nicht – ist die Liebe kostbarer als Hoffnung oder Verzweiflung.

Wir sollten nicht auf die Erlösung warten, um Menschen zu sein.

II

Gibt es Gott?

Kommen wir nun zum Schwierigsten, zum Unsichersten. Zwei Fragen über Gott drängen sich gleich zu Beginn auf: die nach seiner Definition und die nach seiner Existenz. Keine Wissenschaft der Welt weiß darauf Antwort, und keine wird je eine wissen. Das ist aber kein Grund, auf das Nachdenken darüber zu verzichten. Keine Wissenschaft kann uns sagen, wie wir leben und wie wir sterben sollen. Das ist ja auch kein Grund, irgendwie zu leben und irgendwie zu sterben.

Eine vorläufige Definition

Was ist Gott? Niemand weiß es. Er hat den Ruf, unfassbar, unsagbar, unbegreiflich zu sein. Dieses Problem begründet aber kein Denkverbot. Da wir nicht wissen, was Gott ist, können wir bestimmen, was wir unter dem Wort verstehen, das uns dazu dient, ihn zu bezeichnen. Mangels Realdefinition, wie die Scholastiker sagten, können und müssen wir eine Nominaldefinition geben. Das ist zwar nur ein erster Schritt, aber ein unumgänglicher. Wie könnten wir ohne vorausgehende Definition die Frage nach der Existenz Gottes klären, ja überhaupt ernsthaft stellen? Wie darüber diskutieren?

»Glauben Sie an Gott, Herr Professor?« Auf diese Frage eines Journalisten antwortete Einstein ganz schlicht: »Sagen Sie mir erst, was Sie unter Gott verstehen; dann sage ich Ihnen, ob ich daran glaube.« Das ist der richtige Ansatz: Eine Nominaldefinition ist nötig, für Gläubige wie für Atheisten (beide Seiten müssen wissen, wovon sie sprechen und worin sie sich unterscheiden, woran sie glauben oder nicht glauben), und für den Anfang genügt das auch.

Da ich mich, wie ich schon eingangs sagte, einem monotheistischen Universum, konkreter der abendländischen Philosophie zugehörig fühle, schlage ich die folgende, keineswegs originelle (aber gerade deshalb brauchbare) Definition vor, die keinen anderen Anspruch hat, als Einvernehmen über den zu untersuchenden Gegenstand herzustellen: Ich verstehe unter »Gott« ein ewiges, spirituelles und transzendentes (außerhalb und über der Natur stehendes) Wesen, das bewusst und willentlich das Universum erschaffen hat. Er gilt als vollkommen, allgütig, allwissend und allmächtig. Er ist das höchste Wesen, unendlich gut und gerecht, der selbst nicht erschaffene Erschaffer (Begründer seiner selbst), von dem alles abhängt und der selbst von nichts abhängt. In seinem Tun und seiner Person ist er das Absolute.

Diese Definition führt uns näher heran an unsere zweite Frage, die Frage nach der Existenz Gottes, die uns noch weiter beschäftigen wird. Diese Frage, wiederholen wir es, ist von der Wissenschaft nicht zu beantworten, streng genommen von keinem Wissen dieser Welt (wenn man unter Wissen, wie es sich gehört, das mitteilbare und überprüfbare Resultat einer Beweisführung oder eines Experiments versteht). Ob es Gott gibt? Wir wissen es nicht. Wir werden es niemals wissen, zumindest nicht in diesem Leben. Deshalb stellt sich die Frage: Glaubt man daran oder nicht? Und ich für mein Teil glaube nicht daran. Ich bin Atheist. Warum? Das möchte ich auf den folgenden Seiten erläutern.

Atheismus oder Agnostizismus?

Ich habe keine Beweise. Niemand hat welche. Aber ich habe eine bestimmte Anzahl von Gründen oder Argumenten, die mir stärker erscheinen als jene, die für das Gegenteil sprechen. Sagen wir, ich bin ein undogmatischer Atheist: Ich behaupte nicht, zu wissen, dass Gott nicht existiert; ich glaube, dass er nicht existiert.

»In dem Fall«, hält man mir manchmal entgegen, »sind Sie kein Atheist, sondern Agnostiker.« Das verdient ein paar Worte der Erläuterung. Agnostiker und Atheisten haben tatsächlich eines gemeinsam – weshalb sie auch oft verwechselt werden –: Sie glauben nicht an Gott. Der Atheist geht aber weiter: Er glaubt, dass Gott nicht existiert. Der Agnostiker dagegen glaubt gar nichts: weder dass Gott existiert noch dass er nicht existiert. Das ist wie ein negativer oder aus Schwäche geborener Atheismus. Der Agnostiker verneint die Existenz Gottes nicht (wie es der Atheist tut); er lässt die Frage einfach offen.

Die Etymologie kann hier zu Missverständnissen führen. Agnóstos heißt auf Griechisch: das Unbekannte oder Unerkennbare. Daraus wird häufig geschlossen, der Agnostiker sei einer, der zugibt, dass er in Bezug auf Gott oder das Absolute nichts weiß. Wer aber wollte das leugnen? Nach einer solchen Definition wären wir alle Agnostiker, abgesehen von den völlig Verblendeten, und der Agnostizismus würde an Inhalt verlieren, was er an Verbreitung gewönne: Er wäre dann ein allgemeiner Zug des menschlichen Daseins und keine besondere Haltung mehr. Aber so ist es nicht. Im strengen, wahren Sinne des Wortes weiß niemand, ob es Gott gibt oder nicht. Der Gläubige jedoch bejaht seine Existenz (was man Glaubensbekenntnis nennt); der Atheist verneint sie; der Agnostiker tut weder das eine noch das andere: Er will sich nicht entscheiden oder meint es nicht zu können.

Was Agnostiker und Atheisten also unterscheidet, ist nicht das Fehlen oder Vorhandensein eines vorgeblichen Wissens. Glück für die Atheisten! Wenn Sie jemanden treffen, der behauptet: »Ich weiß, dass Gott nicht existiert«, ist das kein Atheist, sondern ein Idiot. Und genauso verhält es sich meiner Ansicht nach, wenn Ihnen einer sagt: »Ich weiß, dass Gott existiert.« Das ist ein Idiot, der seinen Glauben für Wissen hält.

»Dann bin ich ein Idiot«, antwortet mir ein Freund. »Ich bin nämlich überzeugt davon, dass Gott nicht existiert.« Das heißt Überzeugung mit Wissen verwechseln. Und was ist der Unterschied? In etwa jener, den Kant in der *Kritik der reinen Vernunft* macht. Er unterscheidet drei Grade des »Fürwahrhaltens« oder des Urteils: das Meinen, das sich seines sowohl subjektiven als auch objektiven Ungenügens bewusst ist; das Glauben, das zwar subjektiv, nicht aber objektiv hinreichend ist; und schließlich das Wissen, das subjektiv wie objektiv hinreichend ist. Ungeachtet der Begrifflichkeit (wenn es um Atheisten geht, spreche ich lieber von Überzeugung, wie es auch Kant manchmal tut, als von Glauben, da dieser allzu deutlich auf das religiöse Vokabular verweist) halte ich diese Differenzierung für erhellend. Der Atheismus meines Freundes ist eine Überzeugung, mein eigener eher eine Meinung, und genauso findet man überzeugte Fromme (die einen Glauben haben) und solche, die sich ihrer selbst oder ihres Gottes weniger sicher sind und sich daher mit religiösen Meinungen begnügen. Aber welches intelligente Wesen bei klarem Verstand würde von sich behaupten, über ein Wissen bezüglich der Existenz Gottes zu verfügen, anders gesagt, über eine nicht bloß subjektiv, sondern *objektiv* hinreichend begründete Überzeugung? Wenn es das gäbe, müssten auch alle anderen davon überzeugt werden können (denn das ist das Wesen des Wissens: dass es an jedes normal intelligente und gebildete Individuum weitergegeben werden kann), und der Atheismus wäre längst ausgestorben. Das Mindeste, was man sagen kann, ist, dass das nicht der Fall ist.

»Wird es in 50 Jahren noch Atheisten geben?«, fragt mich ein Journalist. Selbstverständlich. Dass er mir diese Frage stellt, verrät allerdings einen Klimawandel: In meiner Jugend fragte man sich eher, ob es im 21. Jahrhundert noch Gläubige geben würde... Die Wiederkehr der Religion ist, wenn auch ungleich verteilt, eines der prägenden Phänomene unserer Epoche. Das beweist natürlich nichts, außer dass diese Frage seit nun schon drei Jahrtausenden ungelöst ist. Und es gibt keinen Grund dafür, dass sich das ändern sollte. Jenseits aller Moden und Meinungswandel deutet alles darauf hin, dass Glaube und Unglaube auf lange Sicht miteinander auskommen müssen. Na und? Das stört doch keinen außer Sektierern oder Fanatikern. Viele unserer größten Intellektuellen sind Atheisten, selbst in Amerika, und viele sind gläubig, selbst in Europa. Das bestätigt nur, dass – heute genauso wie einst – kein Wissen einer von beiden Seiten recht gibt. Das spricht sehr für Toleranz und Offenheit, weniger für den Agnostizismus. Die Wahrheit ist, dass niemand weiß, ob Gott existiert, und viele unter den Gläubigen wie unter den Atheisten sind bereit, diese unüberwindliche Grenze des Nichtwissens als menschliches Los anzuerkennen, was übrigens den subtilen, manchmal berauschenden Zauber der Metaphysik ausmacht.

Manche Gläubige mögen mir jetzt entgegenhalten, sie seien keineswegs unwissend, Gott habe ihnen ein für alle Mal die Wahrheit offenbart. Wozu noch Beweise, Argumente, Gründe? Ihnen reicht die Offenbarung. Und sie stürzen sich Hals über Kopf in die heiligen Schriften, um sie auswendig zu lernen und immer wieder neu zu kommentieren... Darauf kann ich nichts anderes erwidern, als dass jede Offenbarung nur für den gilt, der an sie glaubt, und in einem Zirkelschluss selbst den Glauben begründet, auf dem sie beruht. Und welche Offenbarung überhaupt? Die Bibel? Mit oder ohne Neues Testament? Der Koran? Die Veden? Das Avesta? Warum dann nicht auch der Unfug der Raëlisten? Die Religionen sind unzählbar. Welche Wahl soll man treffen? Wie zwischen ihnen vermitteln? Seit Jahrhunderten bekriegen sich ihre Jünger, selbst wenn sie sich auf dieselbe Offenbarung berufen (Katholiken und Orthodoxe, Katharer und Protestanten, Schiiten und Sunniten usw.). So viele Tote im Namen ein und desselben Buches! So viele Massaker im Namen des einen, einzigen Gottes! Ist das nicht ein hinreichender Beweis des Nichtwissens, in dem sie alle befangen sind? Nie wurde für die Mathematik getötet noch für eine Wissenschaft, nicht einmal für eine Wahrheit, sofern sie gut genug etabliert war. Man tötet nur für das, was man nicht weiß und nicht beweisen kann. So liefern ausgerechnet die Religionskriege ein hervorragendes Argument gegen jeden religiösen Dogmatismus. Mit ihrem Hass und ihren Grausamkeiten zeigen sie nicht nur dessen Gefahren auf, sondern auch den schwankenden Boden, auf dem er steht: Wenn irgendeine von all diesen Religionen den geringsten Beweis vorbringen könnte, hätte sie es nicht nötig, die anderen zu vernichten. Sie »schätzen den Wert ihrer Spekulationen wohl allzu hoch ein, wenn sie um derentwillen einen Menschen bei lebendigem Leibe brennen lassen«, befand Montaigne. Für eine beweisbare Wahrheit braucht man keine Scheiterhaufen. Deshalb gibt jede Inquisition, jeder Kreuzzug, jeder Dschihad, was immer auch die Eiferer denken, dem Zweifel recht, den sie besiegen wollen. All diese Greuel bestätigen bloß, dass niemand über ein echtes Wissen bezüglich Gott verfügt. Damit sind wir zu Religionskriegen oder zu Toleranz gezwungen, je nachdem, ob blinde Leidenschaft oder Vernunft triumphiert.

Das alles ist jedoch kein Grund, nicht Position zu beziehen. Toleranz schließt Reflexion nicht aus. Nichtwissen enthebt nicht der Entscheidung (im Gegenteil: Streng genommen ist Entscheidung nur dort möglich, wo es keine Gewissheit gibt). Philosophieren heißt, weiter denken, als man weiß. Metaphysik treiben heißt, so weit denken, wie man kann. Dort trifft man dann auf die Frage nach Gott und die jedem offenstehende Möglichkeit, nach einer Antwort darauf zu suchen.

Der Agnostiker, wie gesagt, erkennt an, dass er nicht

weiß, was das Absolute ist (das allerdings würden viele Gläubige und Atheisten auch anerkennen), lässt es aber bei diesem Eingeständnis seines Nichtwissens bewenden und weigert sich weiterzudenken, er will sich zu dem, was er nicht weiß, nicht äußern und vertritt letztlich eine Art Neutralität, Skeptizismus oder Indifferenz in religiösen Dingen. Diese zweifellos achtenswerte Haltung hat schon Protagoras eingenommen, der schrieb: »Über die Götter kann ich nichts sagen, weder, ob sie sind, noch, ob sie nicht sind, noch, was sie sind. Zu vieles verhindert das Wissen: erstens die Unklarheit der Frage, zweitens die Kürze des menschlichen Lebens.« Sagen wir, der Agnostiker würde bei der großen metaphysischen Erhebung das Kästchen »Weiß nicht« ankreuzen. Das tue ich bestimmt nicht! Mein Nichtwissen gebe ich gerne zu, das teile ich mit allen Menschen; dennoch bin ich so wenig wie die Gläubigen bereit, darauf zu verzichten, mich zu äußern, zu entscheiden, zu »wetten«, wie Pascal sagen würde, und Sie werden sehen, dass ich anders wette als er. Ich bin weder neutral noch indifferent. Skeptisch? Teilweise. Sagen wir, ich gestehe, keine Beweise zu haben. Ich sagte es bereits: Ich bin ein undogmatischer Atheist. Aber das verhindert weder Glauben noch Überzeugungen.

»Wenn man glaubt, im Besitz der Wahrheit zu sein«, sagte Lequier, »sollte man wissen, dass man glaubt, aber nicht glauben, dass man weiß.« Daran halte ich mich, besonders in religiösen Dingen. Ich *weiß* nicht, ob Gott existiert, aber ich weiß, dass ich *glaube*, dass er nicht existiert. Atheismus ist ein negativer Glaube (*a-théos* heißt auf Griechisch ohne Gott), aber es ist ein Glaube – weniger als ein

Wissen, aber mehr als das simple Eingeständnis des Nichtwissens und die vorsichtige oder bequeme Weigerung, sich zu äußern.

Deshalb bin ich Atheist, kein Agnostiker, und darauf bestehe ich. Die Frage nach Gott ist uns aufgegeben – von unserer Endlichkeit, von unserer Furcht, von unserer Geschichte, von unserer Kultur, von unserer Intelligenz und unserer Ignoranz. Ich kann weder so tun, als ob sie mich nichts anginge, noch vorgeben, ich hätte keine Meinung dazu. Ein undogmatischer Atheist ist nicht weniger atheistisch als die anderen. Nur klüger.

Vom Fanatismus oder Die Gefährlichkeit der Religionen

Warum ich nicht an Gott glaube? Aus vielerlei Gründen, und nicht alle sind rational. Gefühle spielen in diesem Bereich eine Rolle (ja, es gibt metaphysische Gefühle), die Lebensgeschichte, die Phantasie, die Bildung, für die, die daran glauben, vielleicht die Gnade, sicherlich auch das Unbewusste. Und wer will den Einfluss der Familie, der Freunde, der Epoche ermessen? Da dies aber kein autobiographisches, sondern ein philosophisches Buch ist, wird man mir nachsehen, dass ich mich ausschließlich an die rationalen Gründe halte. Davon gibt es genug: 25 Jahrhunderte akkumuliertes Denken in beiden Lagern haben ein fast unerschöpfliches Reservoir an Argumenten geschaffen. Da ich aber weder eine historische Abhandlung noch einen dicken Wälzer produzieren möchte, werde ich mich mit den sechs wichtigsten Argumenten begnügen, die mir am stärksten erscheinen und mich persönlich am meisten überzeugen.

Ich lasse bewusst alles beiseite, was man Religionen oder Kirchen vorwerfen könnte, weil sie zweifellos immer unvollkommen sind, oft hassenswert, manchmal auch verbrecherisch, aber ihre Irrwege führen am Kern der Frage vorbei. Inquisition und islamischer Terrorismus, um nur zwei Beispiele herauszugreifen, zeigen zwar sehr deutlich, wie fürchterlich Religionen sein können, sagen aber nichts über die Existenz Gottes aus. Jede Religion ist per definitionem menschlich. Dass alle mit Blut befleckt sind, könnte einen zum Menschenfeind machen, genügt aber nicht zur Rechtfertigung des Atheismus – der, historisch betrachtet, vor allem im 20. Jahrhundert keineswegs unfehlbar war und in dessen Namen die schrecklichsten Verbrechen begangen wurden.

Nicht Glaube führt zu Massakern, sondern Fanatismus, egal ob religiös oder politisch. Intoleranz. Hass. Religion kann gefährlich werden. Siehe die Bartholomäusnacht, die Kreuzzüge, die Religionskriege, den Dschihad, die Anschläge vom 11. September 2001 … Religionslosigkeit kann auch gefährlich werden. Siehe Stalin, Mao Zedong oder Pol Pot … Wer wollte die Toten beider Lager aufrechnen, und was würde das letztlich bedeuten? Die Schrecken sind unermesslich, ob mit oder ohne Gott. Das sagt nichts über den Glauben aus, desto mehr leider über die Menschen.

Aber es gibt auch anbetungswürdige Helden, Künstler, geniale Denker, hinreißende Menschen – unter Gläubigen mindestens so viele wie unter Ungläubigen. In Bausch und Bogen zu verwerfen, was sie glaubten, hieße sie verraten. Ich hege viel zu viel Bewunderung für Pascal und Leibniz, Bach oder Tolstoi, ganz zu schweigen von Gandhi, Etty Hillesum oder Martin Luther King, als dass ich den Glauben, auf den sie sich beriefen, verachten könnte. Und viel zu viel Zuneigung für die vielen Gläubigen unter meinen Lieben, als dass ich sie auch nur im Geringsten verletzen möchte. Meinungsverschiedenheiten zwischen Freunden können heiter, heilsam und anregend sein. Herablassung oder Verachtung nicht.

Pamphleten und Polemiken kann ich wenig abgewinnen. Es kommt auf die Wahrheit an, nicht auf den Sieg. Und in diesem Kapitel ist es Gott, der mich interessiert, nicht seine Getreuen oder Zeloten. Kommen wir also zu ihm oder besser, zu meinen Gründen, nicht an ihn zu glauben.

Die Schwäche der Gottesbeweise

Meine ersten drei Argumente sind Argumente ex negativo, das heißt, sie enthalten eher Gründe gegen den Glauben als für den Atheismus.

Das Erste, mit dem man wohl anfangen sollte, ist die Schwäche der Gegenargumente, ganz besonders der angeblichen »Gottesbeweise«. Ich will mich nicht damit aufhalten (selbst die gläubigen Philosophen haben den Versuch, Gott zu beweisen, schon lange aufgegeben), kann sie aber nicht ganz unter den Tisch fallen lassen. Wenigstens wollen wir die drei wichtigsten erwähnen, an denen die Tradition am stärksten festhielt: den ontologischen, den kosmologischen und den physiko-theologischen Gottesbeweis.

Der ontologische Gottesbeweis

Das ist der abwegigste Gottesbeweis. Als Urheber gilt allgemein Anselm von Canterbury, aber auch bei Descartes, Spinoza, Leibniz oder Hegel ist er (in unterschiedlicher Form) zu finden. Worauf gründet er? Dass Gott per definitionem existiert, dass Essenz und Existenz in ihm untrennbar sind. Und wie geht das? Durch reine (oder künstliche) Logik fernab jeder Erfahrung (weshalb er auch manchmal als apriorischer Gottesbeweis bezeichnet wird). Das Muster ist befremdend einfach. Man beginnt ganz klassisch damit, Gott als höchstes Wesen zu definieren, »über das hinaus nichts Größeres gedacht werden kann« (Anselm von Canterbury), als höchst vollkommenes (Descartes, Leibniz) oder absolut unendliches Wesen (Spinoza, Hegel). Eine traditionelle, fast banale Definition, deren Konsequenzen sich, sofern man den Verfechtern des ontologischen Gottesbeweises folgt, jedoch als entscheidend erweisen. Gäbe es Gott nämlich nicht, dann könnte er kaum das höchste oder wahrhaft unendliche Wesen sein, weil es ihm dann, vorsichtig gesprochen, an Vollkommenheit mangeln würde – was wiederum seiner Definition zuwiderliefe. Also existiert Gott per definitionem, oder, was angeblich auf das Gleiche hinausläuft, er ist durch sein Wesen *(existentia per essentiam)*: Gott denken (also sich Gott als höchstes, vollkommenes, unendliches Wesen vorstellen) heißt, ihn existent denken. Atheisten denken eben falsch, oder sie können gar nicht denken. »Gott, dem das Dasein fehlt, zu denken«, erläutert Descartes gelehrt, »ist also widersprechend«, denn das wäre ja »ein höchst vollkommenes Wesen, dem eine Vollkommenheit fehlt«. Daraus folgt, dass »das Dasein von Gott untrennbar ist und dass er deshalb in Wahrheit besteht«. »Die Einheit des Begriffs und des Seins« mache den Gottesbegriff aus, wird später Hegel schreiben: Gott ist das einzige Wesen, das *durch sein Wesen* ist.

Eine erstaunliche, faszinierende und ärgerliche Beweisführung. Ich weiß nicht, ob sie jemals irgendwen überzeugt hat (Anselm, der Erzbischof von Canterbury, war schon gläubig, bevor er sie erfand). Den Benediktinermönch Gaunilo von Marmoutiers, einen Zeit- und Glaubensgenossen

Anselms, überzeugte sie jedenfalls ebenso wenig wie Thomas von Aquin: Beide haben sie einer ausführlichen Kritik unterzogen. Auch bei Pascal, Gassendi, Hume und Kant schlug sie nicht so recht ein, ganz zu schweigen von Diderot, Nietzsche, Frege oder Russell. Seltsamer Beweis, der keinen überzeugt... außer den ohnehin Überzeugten. Wie kann eine Definition von etwas dessen Existenz beweisen? Genauso könnte man behaupten, man müsste nur den Reichtum definieren und wäre reich. So etwa argumentierte schon Gaunilo. Und Kant, dessen Einwand entscheidend ist: Das Sein ist weder eine zusätzliche Vollkommenheit (auch wenn Descartes das behauptet) noch ein reales Prädikat. Es fügt dem Begriff nichts hinzu, noch kann es aus ihm abgeleitet werden. Deshalb ist es unzulässig, vom Begriff zur Existenz überzugehen. Tausend wirkliche Euro sind nicht mehr als tausend mögliche Euro (die Vorstellung ist in beiden Fällen dieselbe); trotzdem bin ich durch tausend wirkliche Euro reicher »als bei dem bloßen Begriffe derselben (d.i. ihrer Möglichkeit)«. Dasselbe gilt für Gott: Der Begriff bleibt derselbe, ob Gott existiert oder nicht, und taugt daher nicht als Existenzbeweis. Anders gesagt, dieser »Beweis« beweist nichts. Und da alle anderen Beweise, wie Kant zeigt, von diesem einen abgeleitet sind (weil stets unterstellt wird, man könne vom Begriff auf die Existenz schließen), gibt es keinen Beweis dafür, dass Gott existiert. Das kann man behaupten, aber nicht beweisen; es ist ein Gegenstand des Glaubens, nicht des Wissens. Damit gab Kant Pascal gegen Descartes recht und Hume gegen den heiligen Anselm. Das apriorische Argument ist damit widerlegt, der ontologische Gottesbeweis – trotz Hegel – endgültig beerdigt. Wenn er doch noch gelegentlich aufscheint und fast wieder neu erstrahlt, dann eher als Monument des menschlichen Geistes denn als Beweis für die Existenz Gottes. Und selbst wenn so, wie Hegel wollte, die Existenz eines absolut unendlichen Seins zu beweisen wäre, woher sollen wir wissen, dass dieses Sein ein Gott ist? Es könnte auch die Natur sein, wie Spinoza meinte, ein unendliches Sein also, aber immanent und unpersönlich, ohne Willen, Zweckbestimmtheit, Vorsehung oder Liebe... Ob das unsere Gläubigen befriedigen würde?

Der kosmologische Gottesbeweis

Derselbe Einwand lässt sich auch gegen den *kosmologischen Gottesbeweis* oder Kontingenzbeweis erheben, der bei Leibniz wohl seine stringenteste und stärkste Darstellung fand. Der kosmologische Gottesbeweis ist kein Argument a priori, sondern eines a posteriori, da es auf einer Erfahrungstatsache beruht, nämlich der Existenz der Welt. Wie alle Tatsachen muss auch diese erklärbar sein (vermöge dessen, was Leibniz das Prinzip des zureichenden Grundes nennt: Nichts ist existent oder wahr ohne Grund oder Ursache). Nun kann die Welt sich aber nicht selbst begründen. Ihre Existenz ist nicht notwendig, aber möglich (sie könnte auch nicht sein); in der Philosophie spricht man hier von Kontingenz. Also muss es eine Ursache geben oder einen »zureichenden Grund«, der nicht sie selbst ist. Nur welchen? Wenn dieser Grund selbst kontingent ist, braucht er einen weiteren zur Erklärung, der wieder einen dritten und so fort bis ins Unendliche, womit die ganze Reihe kontingenter Dinge – also die Existenz der Welt – unerklärt bliebe. Also muss man irgendwo aufhören, wie schon Aristoteles meinte. Da hat man kaum eine Wahl: Um dieser Zurückführung bis ins Unendliche zu entgehen, benötigt man als zureichenden Grund für die Welt ein Sein, das seinerseits keiner weiteren Ursache bedarf, anders gesagt, eine absolut notwendige Substanz (die nicht nicht existieren kann), die, wie Leibniz sagt, »den Grund ihres Daseins in sich selbst hat«. Kurz, man kann die Gesamtheit des Möglichen (die Welt) nur durch ein absolut notwendiges Wesen außerhalb erklären: Das ist »die oberste und letzte Ursache der Dinge«, die man Gott nennt.

Dies ist der einzige der drei klassischen »Gottesbeweise«, den ich stark finde, der einzige, bei dem ich manchmal stocke oder schwanke. Warum? Weil die Kontingenz ein Abgrund ist, der die Vernunft taumeln lässt. Ein Taumel ist aber noch kein Beweis. Warum sollte die Vernunft – unsere Vernunft – nicht irre werden am Universum, wenn es zu groß, zu tief, zu vielfältig, zu dunkel oder zu hell für sie ist? Was beweist denn, dass unsere Vernunft nicht unzulänglich ist? Nur ein Gott könnte das garantieren, und eben deshalb kann die Vernunft Gott nicht beweisen (weil es ein Zirkelschluss wäre wie bei Descartes: Die Vernunft beweist die Existenz Gottes, der die Zuverlässigkeit der Vernunft garantiert – »zum Ruhme des Pyrrhonismus«, würde Pascal sagen). Dass unsere Vernunft vor dem Abgrund der Kontingenz strauchelt oder taumelt, ist eine Erklärung dafür, dass wir diesem Abgrund auf den Grund gehen wollen, aber kein Beweis dafür, dass er einen hat.

Sagen wir es einmal anders: Das Rückgrat des kosmologischen Gottesbeweises ist das Prinzip des zureichenden Grundes, das für jede Tatsache einen Daseinsgrund zur Erklärung fordert. Warum gibt es die Welt? Weil Gott. Das ist die Ordnung der Ursachen. Warum gibt es Gott? Weil die Welt. Das ist die Ordnung der Gründe. Aber was beweist, dass es eine Ordnung gibt und der Verstand sie versteht? Warum sollte es nichts absolut Unerklärliches geben? Warum sollte der Zufall nicht das letzte Wort haben – oder das letzte Schweigen? Weil es absurd wäre? Na und? Vielleicht ist die Wahrheit ja auch absurd. Oder mysteriös – jedenfalls für jeden endlichen Geist. Wie könnten wir alles verstehen und alles erklären, wenn doch dies *alles* uns vorangeht, uns enthält, uns ausmacht, uns durchzieht und letztlich vollkommen übersteigt? Um zu begreifen, dass das Sein mysteriös ist, braucht man nur einen klaren Verstand. Wie will man die Existenz des Seins erklären, wenn jede Erklärung dieses schon voraussetzt?

Wollte man Leibniz und dem Vernunftprinzip recht geben, wäre das bloß ein Beweis für die Existenz eines notwendigen Seins. Wodurch aber will man beweisen, dass dieses notwendige Sein Gott ist, das heißt Geist, Subjekt, Person (oder alle drei)? Es könnte ebenso gut das *apeiron* (das Unendliche, Unbestimmte) Anaximanders sein, das ewig sich wandelnde Feuer Heraklits (das Werden), das unpersönliche Sein des Parmenides, das – ebenso unpersönliche – Tao des Lao Tse... Es könnte auch Spinozas Substanz sein, die absolut notwendig und Ursache ihrer selbst und alles Seienden ist, aber immanent (weil ihre Wirkungen in ihr sind) und, wie bereits beim ontologischen Gottesbeweis erwähnt, ohne jede Menschenähnlichkeit: ohne Bewusstsein, ohne Willen, ohne Liebe. Spinoza nennt sie »Gott«, aber ein *lieber* Gott ist das nicht. Es ist nichts anderes als die Natur (das nennt man Spinozas Pantheismus: *»Deus sive Natura«* – Gott also Natur), die kein Subjekt ist und keinen Zweck verfolgt. Warum zu ihr beten, wenn sie nicht zuhört? Warum ihr gehorchen, wenn sie nichts fordert? Warum ihr vertrauen, wenn sie sich nicht um uns kümmert? Und was bleibt dann vom Glauben? Leibniz hat sich nicht getäuscht: Dieser Pantheismus ist dem Atheismus näher als der Religion.

Dass es ein Sein gibt, steht nicht zur Diskussion. Und ich bin auch geneigt, es für notwendig zu halten. Das ist meine spinozistische Seite. Hätte die Welt nicht auch *nicht sein* können? Gewiss, aber nur in der Vorstellung und sofern sie nicht war, jedenfalls nicht in sich und sofern sie ist. In der Gegenwart gibt es für das Wirkliche nur den Indikativ, oder besser, der Indikativ Präsens ist das einzige Tempus des Wirklichen, das dieses notwendig macht. Weil alles im Voraus geschrieben steht? Mitnichten. Sondern weil alles ist und (in der Gegenwart) nichts anderes sein könnte. Hier reicht das Identitätsprinzip: Was ist, kann nicht nicht sein, weil es eben ist. Das ist das wahre und wohl auch einzige Vernunftprinzip. Das Mögliche ist wirklich, oder es ist nicht. Die Kontingenz ist nur der Schatten des Nichts oder der Einbildung – was nicht war, hätte sein können – auf der riesigen Lichtung des Werdens oder Seins (was war, was ist, was sein wird). Sagen wir, ohne uns damit aufzuhalten, dass die Kontingenz nur *sub specie temporis* (in Hinblick auf die Zeit) denkbar ist, die Notwendigkeit dagegen nur *sub spe-*

cie aeternitatis (in Hinblick auf die Ewigkeit), und dass in der Gegenwart beides zusammenfällt. Ebenso, scheint mir, wie das Mysterium und die Evidenz.

Das Mysterium des Seins

»Ich bin kein Atheist«, sagte ein Freund einmal zu mir, »weil ich glaube, dass da etwas ist, irgendeine Energie...« Potzblitz! Auch ich glaube, dass da etwas ist, irgendeine Energie (so erklären es uns auch die Physiker: Sein = Energie). Aber an Gott zu glauben heißt nicht, an irgendeine Energie zu glauben, sondern an einen Willen und an eine Liebe! An Gott zu glauben heißt nicht, an etwas zu glauben, sondern an jemanden! Und an diesen Willen, diese Liebe, diesen Jemand – den Gott Abrahams und Jakobs, Jesu und Mohammeds – glaube ich nicht.

Dass da etwas ist, bezweifelt keiner. Und dass dieses Sein Energie ist (die *energeia* der Griechen, der *conatus* Spinozas, die Energie, die die Physiker meinen), sieht man schon, wenn man die Natur ringsum betrachtet. Die Frage ist nur: *Warum* gibt es etwas? Warum die Natur? Warum die Energie? Warum das Sein? Warum das Werden? Das ist die große Frage von Leibniz: »Warum gibt es etwas und nicht nichts?« Die Frage geht über Gott hinaus, weil sie ihn einschließt: Warum Gott und nicht nichts? Die Frage nach der Existenz des Seins ist die erste und eine, die sich immer wieder stellt. Niemand kann sie beantworten. Die Behauptung, das Sein sei ewig, ist noch keine Erklärung. Dass es immer ein Sein gab, erspart uns, nach dessen Anfang oder

Ursprung zu suchen, nicht aber, nach dessen Grund. Das Sein als notwendig zu denken ist auch keine bessere Lösung; damit wird bloß festgestellt, dass es sich nur aus sich selbst heraus erklärt (»sein eigener Daseinsgrund ist«, wie die Philosophen sagen), was es für uns und auf ewig unerklärlich macht.

Die Philosophen entgehen dem Mysterium genauso wenig wie Physiker oder Theologen. Warum der Urknall und nicht nichts? Warum Gott und nicht nichts? Warum das alles und nicht nichts? Die Frage »Warum gibt es etwas und nicht nichts?« ist umso zwingender, als eine Antwort unmöglich ist. Das macht sie so faszinierend, erhellend, anregend: Sie verweist uns auf das, was ich das Mysterium des Seins nenne und das von dessen Evidenz untrennbar ist. Die Frage weckt uns aus unserem positivistischen Schlummer. Sie schüttelt unsere Gewohnheiten, Vertrautheiten, angeblichen Selbstverständlichkeiten von uns ab. Sie entreißt uns, zumindest vorübergehend, der scheinbaren Banalität und Normalität alles Seienden. Sie verweist uns auf unser erstes Staunen: Es gibt etwas und nicht nichts! Und niemand wird je sagen können, warum, weil man die Existenz des Seins nur wieder durch ein Sein erklären könnte, anders gesagt, nur indem man voraussetzt, was man erklären will. Die Existenz des Seins ist also zutiefst mysteriös, und dieses Mysterium ist unbezwinglich. Weil es undurchdringlich ist? Im Gegenteil: weil wir mittendrin sind. Weil es zu dunkel ist? Im Gegenteil: weil es das Licht selbst ist.

Der ontologische Gottesbeweis beweist gar nichts. Der kosmologische beweist im besten Falle die notwendige Existenz eines Seins, nicht aber eines spirituellen oder personalen Gottes. Vielleicht ist das der Grund für den mittlerweile fünfundzwanzig Jahrhunderte anhaltenden Erfolg eines dritten »Beweises«, den man traditionell den physiko-theologischen Gottesbeweis nennt. Es ist der populärste. Der schlichteste. Der klarste und gleichzeitig fragwürdigste. Man findet ihn schon bei Platon, bei den Stoikern, bei Cicero. Später bei Malebranche, Fénelon, Leibniz, Voltaire, Rousseau ... Es ist ein Argument a posteriori, das auf der Vorstellung von Ordnung und Zweckbestimmtheit beruht (man nennt ihn deshalb auch den teleologischen Gottesbeweis, vom griechischen *telos,* Ziel oder Zweck). Die Ableitung ist einfach, fast naiv: Man betrachtet die Welt; konstatiert eine Ordnung von unübertrefflicher Komplexität; und schließt daraus auf eine ordnende Intelligenz. Heutzutage sagt man dazu »intelligentes Design«: Die Welt ist zu geordnet, zu vielfältig, zu schön, zu harmonisch, als dass sie ein Produkt des Zufalls sein könnte; ein solcher Erfolg setzt eine schöpferische, ordnende Intelligenz als Ursprung voraus, und das kann nur Gott sein.

Das Argument ist, nun ja, nicht ganz neu. Es steht schon bei Cicero, in *De natura deorum.* Bei Voltaire, dem Freidenker und Deisten: »Jedes Werk, das uns Mittel und Zweck aufzeigt, kündigt einen Werkmeister an. Also offenbart uns dieses Weltall, das eine Zusammensetzung von Springfedern und Mitteln ist, deren jedes einem Zweck entspricht, einen höchst mächtigen, höchst verständigen Werkmeister.« Diesen Gedankengang fasste er in einem berühmten Zweizeiler zusammen:

»Das Universum ist wie ein Uhrwerk, das lässt mir
keine Ruh,
ich kann es mir nicht denken ohne Uhrmacher dazu.«

Das Argument mit der Uhr hat eine lange Tradition und ist durchaus ernst zu nehmen. Es ist zwar nur eine Analogie, aber eine sehr einleuchtende. Stellen Sie sich vor, ein Astronaut entdeckte auf einem offenbar unbewohnten Planeten eine Uhr. Niemand käme auf die Idee, ein so komplexer Mechanismus könnte das Resultat einer Reihe von Zufällen sein; jeder wäre davon überzeugt, dass diese Uhr von einem mit Intelligenz und Willen ausgestatteten Wesen hergestellt wurde. Das Universum aber, ja der geringste seiner Teile (jede Blume, jedes Insekt, jedes unserer Organe) ist noch viel komplizierter als diese Uhr. Also ist hier wie bei der Uhr und in weit höherem Maße ein Schöpfer vorauszusetzen, der über Intelligenz und Willen verfügt, und das kann – will man das Universum insgesamt erklären – nur einer sein: Gott.

So einleuchtend sie ist, hat diese Analogie doch ihre Schwächen. Erstens ist es eben nur eine Analogie (das Universum besteht schließlich nicht aus Rädchen und Federn). Zweitens vernachlässigt sie die unzähligen Störungen, Schrecken und Fehlfunktionen (darauf gehe ich noch genauer ein). Man kann ein Krebsgeschwür, wenn man die Uhrenmetapher weiterspinnen will, auch als eine Art Zeitzünder (wie in einer ferngesteuerten Bombe) ansehen oder ein Erdbeben als Vibrationsalarm im planetaren Maßstab. Können Tumoren oder Naturkatastrophen Ergebnisse eines intelligenten und wohlmeinenden Entwurfs sein? Drittens und vor allem aber ist die Analogie veraltet, weil ihr ein mechanisches Modell (aus der Physik des 18. Jahrhunderts) zugrunde liegt, während die Natur von modernen Wissenschaftlern als dynamisch (Sein ist Energie), indeterministisch (die Natur würfelt – darin ist sie nicht Gott) und entropisch beschrieben wird (was würde man von einer Uhr halten, die zum maximalen Chaos tendiert?). Das Leben schafft Ordnung, Komplexität und Sinn? Gewiss. Doch diese Negentropie des Lebendigen ist nicht nur räumlich und zeitlich begrenzt (wenn unsere Sonne erlischt, ist es mit dem Leben auf der Erde vorbei), sondern seit Darwin auch leichter zu erklären: Der Plan der Vorsehung eines mysteriösen Schöpfers lässt sich elegant durch die einfachere Hypothese einer Evolution der Arten durch natürliche Selektion ersetzen. Verständlich, dass die Anhänger des »intelligenten Designs« sich so über den Darwinismus ärgern, dass sie ihn – im Namen der Bibel! – aus dem Biologieunterricht verbannen oder zumindest mit der Genesis gleich behandelt wissen wollen. Wenn der Zufall (der Mutationen) Ordnung schafft (durch natürliche Selektion), braucht man keinen Gott mehr, um das Auftauchen des Menschen zu erklären. Die Natur reicht dann vollkommen aus. Das beweist nicht, dass Gott nicht existiert, entzieht den Gläubigen aber ein Argument.

Analogien sollte man grundsätzlich misstrauen. Das Leben ist komplexer als eine Uhr, aber auch fruchtbarer (oder haben Sie schon mal eine Uhr Junge kriegen sehen?), entwicklungsfähiger, selektiver, kreativer. Das ändert alles. Wenn wir eine Uhr auf einem bis dato unerforschten Planeten finden, wird niemand bezweifeln, dass sie das Ergebnis eines intelligenten Willensaktes ist. Handelt es sich dagegen um eine Bakterie, eine Blume oder ein Tier, wird jeder Wissenschaftler, auch der gläubige, die Entstehung dieses Lebewesens, so komplex es ist, auf die Naturgesetze zurückführen. Hier könnte man einwenden, das sei noch keine Erklärung der Naturgesetze. Zugegeben. An diesem Punkt ist eine Existenz Gottes denkbar – mit der gleichen Berechtigung übrigens wie seine Nichtexistenz. Letztendlich aber hat der physiko-theologische Gottesbeweis unter dem Fortschritt der Wissenschaft ziemlich gelitten: Die existierende Ordnung und offensichtliche Zweckbestimmtheit (der Lauf der Planeten, die Zweckbestimmtheit der Lebewesen) lassen sich immer besser erklären, Chaos und Zufall immer genauer erfassen. Wenn die Sonne erlischt (in ungefähr fünf Milliarden Jahren), wird die Physiko-Theologie aller Wahrscheinlichkeit nach den Großteil ihrer Anhänger verloren haben. Oder sie sind im Paradies. Diese Alternative, die immerhin möglich bleibt, zeigt deutlich, dass dieser »Beweis« keiner ist.

Mangelnde Beweise – ein Grund, nicht zu glauben

Außer den drei genannten wurden, wie man sich denken kann, noch zahllose weitere »Beweise« für die Existenz Gottes vorgebracht, die aber meist nur ein Verschnitt daraus waren. Als ein berühmtes Beispiel seien hier die fünf »Wege« Thomas von Aquins genannt, der die Existenz Gottes aus der sinnlichen Erfahrung seines Wirkens ableiten wollte. Die ersten drei Argumente (das Argument der Bewegung, das wie bei Aristoteles auf einen ersten unbewegten Beweger hinausläuft, das Argument der Wirkursache, das wie bei Avicenna auf eine erste Ursache hinausläuft, und das Argument des Möglichen, das auf ein absolut notwendiges Wesen hinausläuft) stehen dem kosmologischen Gottesbeweis nahe; das vierte (mit den Seinsstufen, das auf einen reinen ungeschaffenen Geist hinausläuft) hat, obwohl a posteriori, gewisse Bezüge zu Anselm von Canterbury; und das fünfte (mit der Zweckursache, das auf eine ordnende Intelligenz hinausläuft) ist nur eine von vielen Varianten des physiko-theologischen Gottesbeweises.

Descartes gab sich bekanntlich auch nicht mit dem apriorischen Argument zufrieden, das erst in der fünften seiner metaphysischen *Meditationen über die Grundlagen der Philosophie* auftaucht. Schon ab der dritten legt er Beweise durch Wirkungen vor, die sich sowohl vom kosmologischen Gottesbeweis als auch von den Wegen Thomas von Aquins unterscheiden: Nicht die Existenz der Welt (die Descartes an diesem Punkt seiner Überlegungen noch für zweifelhaft hält) erlaubt den Schluss auf die Existenz Gottes, sondern das *Cogito,* weil in ihm die Vorstellung von Gott als unendlicher Substanz vorhanden ist (erster Beweis durch Wirkung) oder besser die Vorstellung von der eigenen Existenz, insofern er diese Vorstellung besitzt (zweiter Beweis durch Wirkung). Beide Beweise treffen sich nach Descartes' eigenem Geständnis im Wesentlichen: Ich finde in mir die Vorstellung von Gott als vollkommenem und unendlichem Wesen; diese Vorstellung muss wie alles eine Ursache haben; und da »mindestens in der wirkenden und ganzen Ursache ebenso viel [Realität] sein muss als in der Wirkung dieser Ursache«, muss diese Ursache selbst unendlich und vollkommen sein: also Gott.

Diese Argumentation überzeugt mich noch weniger als die ontologische. Erstens, weil sie – außer der Idee der Vollkommenheit, die keineswegs als selbstverständlich vorausgesetzt werden kann – keinen Beweis dafür liefert, dass diese unendliche Ursache ein Subjekt oder Geist ist (es könnte genauso gut die Natur sein); zweitens, weil sie einfach unterstellt, dass in der Ursache mindestens so viel Realität enthalten sein müsse wie in der Wirkung (warum eigentlich? Atome können auch nicht denken und sind trotzdem die Ursache des Denkens in unserem Gehirn); drittens und vor allem, weil die menschliche Vorstellung des Unendlichen endlich und die menschliche Vorstellung des Vollkommenen unvollkommen sein muss. Ich würde darin fast eine Besonderheit des Menschen sehen. Denn was ist der Mensch? Ein (im Unterschied zu Gott) endliches und unvollkommenes Wesen, das (im Unterschied zu den Tieren) eine Vorstellung des Unendlichen und Vollkommenen hat. Diese Vorstellungen sind natürlich endlich und unvollkommen – Menschsein verpflichtet. Wie sollten wir auch anders denken können als endliche Wesen, offen für die Unendlichkeit, als unvollkommene Wesen, die von der Vollkommenheit träumen. Wir nennen das Geist, und dieser wird nur noch größer, da er um die eigene Endlichkeit weiß. Das entkräftet Descartes' »Beweis«. Da die Idee der Unendlichkeit in uns endlich ist, reicht das Gehirn zur Erklärung aus (denn das Gehirn ist der Geist in Potenz, so wie der Geist das Gehirn in Aktion ist). Endlichkeit des Menschen – Größe des Menschen; endlicher Leib – geistige Größe.

Was lässt sich aus alldem schließen? Dass es keinerlei Beweis für die Existenz Gottes gibt und geben kann. Pech für die Dogmatiker. Metaphysik ist keine Wissenschaft. Theologie noch weniger. Und keine Wissenschaft kann da einspringen. Weil keine Wissenschaft das Absolute erreicht, jedenfalls nicht absolut. Gott ist kein Theorem. Es geht nicht darum, ihn zu beweisen oder abzuleiten, sondern darum, an ihn zu glauben oder nicht.

Man wird einwenden, dass es genauso wenig Beweise für die Nichtexistenz Gottes gibt. Zugegeben. Dennoch ist die Sache mit den Beweisen für den Atheismus weniger peinlich als für die Religion. Nicht nur, weil dem, der etwas behauptet, gemeinhin die Beweislast obliegt, sondern auch, weil man bestenfalls beweisen kann, was ist, nicht aber, im Maßstab des Unendlichen, was nicht ist. Ein Nichts kann per definitionem nichts bewirken. Wie soll man es also beweisen? Mit etwas Glück könnte ich beweisen, nichts getan zu haben, indem ich beweise, dass ich zum Zeitpunkt der Tat, die mir zur Last gelegt wird, Tausende Kilometer vom Tatort entfernt war und sie daher nicht begangen haben kann. Das nennt man Alibi. Ein unbeteiligter Zeuge genügt. Aber ein Alibi für das Nichts gibt es nicht, auch keinen unbeteiligten Zeugen für das Ganze. Wie soll man beweisen, dass etwas *nicht* existiert? Versuchen Sie einmal zu beweisen, dass es keinen Weihnachtsmann gibt, keine Vampire, keine Feen, keine Werwölfe … Es wird Ihnen nicht gelingen. Deshalb muss man noch lange nicht daran glauben; dass deren Existenz nie bewiesen werden konnte, ist allerdings ein guter Grund, es nicht zu tun. Für die Existenz Gottes gilt dasselbe (nach Maßgabe der Verhältnisse; dass dabei mehr – und weniger Unwahrscheinliches – auf dem Spiel steht, räume ich durchaus ein). Das Fehlen von Beweisen ist ein Argument gegen jede theistische Religion. Wenn das auch noch kein Grund ist, Atheist zu sein, ist es zumindest einer, den Glauben zu verweigern.

Die Schwäche der Erfahrungen

Die Beweise sind schwach, weil sie nichts beweisen. Mangelnde Erfahrung ist der zweite Grund, nicht zu glauben, also wieder ein Argument ex negativo, das mir noch wichtiger erscheint. Denn wenn man nach Tatsachen fragt, sind Erfahrungen entscheidender als Gedanken.

Einer meiner prinzipiellen Gründe, nicht an Gott zu glauben, ist, dass ich keine entsprechenden Erfahrungen habe. Das ist das einfachste Argument. Und eines der stärksten. Keiner wird mich von der Vorstellung abbringen, dass Gott, so es ihn denn gäbe, sichtbarer, fühlbarer wäre. Es müsste doch reichen, Augen und Seele aufzutun. Ich versuche es. Und je besser es mir gelingt, desto mehr sehe ich die Welt, und desto mehr liebe ich die Menschen.

Die meisten Theologen und einige Philosophen geben sich die größte Mühe, uns von der Existenz Gottes zu überzeugen. Das ist löblich. Aber wäre es nicht viel einfacher und wirkungsvoller, wenn Gott sich freundlicherweise selber zeigte? Das ist immer das erste Argument, das mir einfällt, wenn ein Gläubiger mich bekehren will. »Warum strengst du dich so an? Wenn Gott wollte, dass ich an ihn glaube, könnte er das ganz leicht haben. Und wenn er es nicht will, warum beharrst du dann so darauf?«

Ich weiß, dass die Gläubigen zumindest seit Jesaja einen »verborgenen« Gott anrufen, den *Deus absconditus.* Manche sehen darin eine zusätzliche Qualität, eine Art göttlicher Zurückhaltung, ein übernatürliches Taktgefühl, das umso bewundernswerter ist, als es uns den schönsten, staunenswertesten, strahlendsten Anblick überhaupt vorenthält. Ich empfinde da anders. Ich könnte mich, wäre ich gläubig, über einen Gott, der sich so beharrlich verbirgt, nur wundern. Ich sähe darin weniger Taktgefühl als kindisches Verhalten, weniger Diskretion als Verstellung. Ich bin aus dem Alter heraus, wo man Verstecken spielt. Da finde ich die Welt und das Leben doch spannender.

Nun zur anthropomorphen Metapher, die im Begriff des »verborgenen Gottes« steckt und zur ausgewiesensten Tradition gehört – man findet sie in der Kabbala, bei Augustinus, Luther oder Pascal. Versuchen wir sie zu verstehen. Menschen verbergen sich zum Spiel, aus Angst oder aus Scham. Aber Gott? Seine Allmacht befreit ihn von jeder Angst, seine Vollkommenheit vor der Scham. Warum also verbirgt er sich? Um uns zu verblüffen? Um sich einen Spaß zu machen? Dann spielt er mit unserer Verzweiflung. »Mein Gott, mein Gott, warum hast du mich verlassen?« – das schreit unser Bruder im Leiden. Aber was ist das für einer, der sich verbirgt, wenn sein Sohn gekreuzigt wird? Welcher Gott kann darin Vergnügen finden?

Kommen wir von der Metapher zum Grundsätzlichen. Obwohl Gott überall (allgegenwärtig) ist, ist er unsichtbar. Das heißt – da er ja auch allmächtig ist –, dass er sich nicht zeigen will. Warum?

Die häufigste Antwort der Gläubigen lautet, dass er es aus Respekt vor unserer Freiheit tut, um uns die Wahl zu lassen. Würde Gott sich in all seinem Glanz offenbaren, stünde uns die Entscheidung nicht mehr frei, an ihn zu glauben oder nicht. Der Glaube würde sich aufzwingen, oder besser, es wäre kein Glaube mehr, sondern eine Selbstverständlichkeit. Was bliebe dann von unserer Freiheit? Nichts, erklärt Kant in seiner *Kritik der praktischen Vernunft*, und die Moral würde das nicht überleben. Wenn Gott »uns unablässig vor Augen liegen« würde oder wir seine Existenz beweisen könnten, was auf das Gleiche hinausliefe, würde uns diese Gewissheit der Heteronomie ausliefern, anders gesagt, dem eigennützigen Gehorsam. Das wäre keine Moral mehr, sondern Vernunft. Wir würden es selbstverständlich vermeiden, Gebote zu übertreten, und das moralische Gesetz faktisch respektieren, aber bloß aus Eigennutz: »So würden die mehresten gesetzmäßigen Handlungen aus Furcht, nur wenige aus Hoffnung und gar keine aus Pflicht geschehen«, und damit »ein moralischer Wert der Handlungen [...] gar nicht existieren«, befindet Kant. Unser Verhalten »würde in einen bloßen Mechanismus verwandelt«, und wir würden wie Marionetten des Egoismus an den Fäden der Hoffnung (auf einen gerechten Lohn) und der Angst (vor Strafe) zappeln. Alles wäre vollkommen, aber es wäre das Ende unserer Freiheit. Umgekehrt sind wir, da Gott sich verbirgt oder ungewiss bleibt, frei, an ihn zu glauben oder nicht, also auch frei, unserer Pflicht nachzukommen oder nicht.

Ich halte die Antwort für schwach, und zwar hauptsächlich aus drei Gründen:

Erstens, wenn Gott sich nicht zeigte, um uns die Wahl zu lassen, wenn also, um es anders zu sagen, das Nichtwissen die Bedingung unserer Freiheit wäre, dann wären wir freier als Gott selbst, weil er, der Arme, nicht die Wahl hätte, an seine eigene Existenz zu glauben oder nicht. Wir wären auch freier als einige seiner Propheten oder Verkünder, denen er nach der Überlieferung erschienen sein soll. Und wir wären hier auf Erden freier als die Seligen im Paradies, die Gott »von Angesicht zu Angesicht« sehen, wie es der erste Korintherbrief verheißt, in ihrer »seligmachenden Schau«, wie die Theologen so schön sagen. Die Vorstellung jedoch, dass wir gewöhnlichen Sterblichen freier sein sollen als Gott, freier als Abraham, Paulus, Mohammed und die Seligen im Paradies, erscheint mir aus theologischer Sicht ebenso unannehmbar wie aus philosophischer Sicht undenkbar.

Mein zweiter Einwand gegen diese Erklärung lautet, dass Nichtwissen weniger Freiheit bringt als Wissen. Das ist der Geist der Aufklärung, der noch immer lebendig und immer noch nötig ist gegen jeglichen Obskurantismus. Wer behauptet, dass Gott sich verbirgt, um unsere Freiheit zu wahren, unterstellt, dass Nichtwissen ein Faktor der Freiheit sei. Welcher Lehrer könnte das unterschreiben? Welche Eltern, die diese Bezeichnung verdienen, würden das akzeptieren? Wir wollen, dass jedes Kind zur Schule gehen kann, weil wir glauben, dass im Wissen stets mehr Freiheit liegt als im Nichtwissen. Und wir haben recht. Das ist der Geist des Laizismus. Und es ist auch der Geist der Evangelien, teilweise wenigstens (»Die Wahrheit wird euch frei machen«, heißt es etwa im Johannes-Evangelium). Es ist der Geist allgemein. Dann ist aber das Nichtwissen, in dem Gott uns hält, was seine eigene Existenz betrifft, mit der Absicht, uns die Freiheit zu lassen, nicht zu rechtfertigen. Wissen befreit, Nichtwissen nicht.

Kants Argument – wenn Gott sich zeigte, wäre unser Tun nur mehr aus Hoffnung und Furcht zu erklären und erfolgte nicht mehr aus Pflichtgefühl – ist vor allem ein Beleg dafür, dass die Vorstellungen von Lohn und Strafe, Furcht und Hoffnung der Moral ganz fremd sind und diese nur verderben können. Damit bin ich einverstanden. Moralisches Handeln, zeigt Kant, ist uneigennütziges Handeln, das heißt, man tut seine Pflicht, ohne dafür etwas zu erwarten. Bravissimo. Das ist ein sehr gutes Argument gegen Himmel und Hölle, weniger für das Nichtwissen der Menschen und das Verborgensein Gottes.

Der dritte Grund, aus dem ich mich weigere, diese Antwort zu akzeptieren, ist, dass ich sie für unvereinbar mit der schönen und in unserer Tradition so tief verwurzelten Vorstellung eines Gottvaters halte. Ich habe drei Kinder. Als sie noch klein waren, hatten sie die Wahl, mir zu gehorchen oder nicht, mich zu achten oder nicht, mich eventuell zu lieben oder nicht. Aber natürlich mussten sie wissen, dass es mich gab! Natürlich musste ich mich genügend um sie kümmern, damit sie tatsächlich frei werden konnten! Was würden Sie zu einem Vater sagen, der sich vor seinen Kindern versteckt? »Ich habe nichts getan, um ihnen meine Existenz zu offenbaren, sie haben mich nie gesehen, nie getroffen. Ich habe sie in dem Glauben gelassen, dass sie Waisen oder ledige Kinder sind, damit sie die Freiheit haben, an mich zu glauben oder nicht.« Der ist doch krank, würden Sie sagen, verrückt, ein Monster! Und hätten damit völlig recht. Und was ist das erst für ein Vater, der sich sogar dann noch verbirgt, wenn seine Kinder in Auschwitz, im Gulag, in Ruanda verschleppt, ausgehungert, gefoltert und ermordet werden? Die Vorstellung von einem Gott, der sich vor den Menschen verbirgt, lässt sich mit der Vorstellung von einem Gottvater nicht vereinen. Und widerspricht der Gottesidee überhaupt: Das wäre einfach kein Gott.

»Keine Gotteserfahrung? Sie vielleicht!«, werden einige antworten. »Ich spüre seine Gegenwart ständig, ich fühle, dass er da ist, dass er mich hört, dass er mich liebt.«

Was kann ich ihnen entgegnen, außer dass ich noch nie Derartiges empfunden habe? Das liegt nicht daran, dass ich nicht danach gesucht oder nicht daran geglaubt hätte. Aber der Glaube konnte mir nicht seine Gegenwart ersetzen. Welch eine Leere in vollen Kirchen! Welch ein Schweigen zu unserem Gemurmel! Als Junge habe ich mich einmal dem Religionslehrer an meinem Gymnasium anvertraut: »Soviel ich auch bete, Gott spricht nicht mit mir!« Der Priester, ein Mann mit Herz und Hirn, gab mir die schöne Antwort: »Gott spricht nicht, weil er zuhört.« Das hat mich lange beschäftigt. Aber auf Dauer wurde ich des Schweigens überdrüssig und schließlich misstrauisch. Woher sollte ich wissen, dass das Schweigen vom Zuhören kam und nicht von seiner Abwesenheit? Dazu fällt mir ein Witz ein, den Woody Allen irgendwo erzählt: »Ich bin am Boden zerstört! Gerade habe ich erfahren, dass mein Analytiker schon seit zwei Jahren tot ist – und ich hab es gar nicht bemerkt!« Den Analytiker kann man ja wechseln. Aber Gott, wenn es nur einen gibt oder wenn alle Götter schweigen?

Jedem seine Erfahrung. Eines der wenigen Dinge, deren ich mir in Hinblick auf die Religion ganz sicher bin, ist, dass Gott nie etwas zu mir gesagt hat. Aber das ist weniger ein Einwand als eine Feststellung. Andere, die nicht weniger aufrichtig sind als ich, scheinen in der Tat eine Gegenwart, eine Liebe, eine Kommunikation, einen Austausch zu erleben. Umso besser für sie, wenn's ihnen hilft. Die Menschen sind zu schwach und das Leben zu schwer, als dass man es sich erlauben dürfte, auf den Glauben eines anderen zu spucken. Fanatismus ist mir fremd, auch der atheistische.

Trotzdem bleibt eine Erfahrung, die nicht alle teilen, die nicht von anderen nachprüfbar oder wiederholbar ist, etwas fragwürdig. Woher soll man wissen, was sie taugt? Viele haben schon Gespenster gesehen, mit Geistern kommuniziert und Tische gerückt... Muss ich das glauben? Ich bezweifle gar nicht, dass die meisten das in gutem Glauben tun; aber was beweist das? Heuchelei ist die Ausnahme; Leichtgläubigkeit leider nicht. In diesen Dingen ist Selbstsuggestion wahrscheinlicher als das Eingreifen einer übernatürlichen Macht.

Erfahrungen sind also ein schwaches Argument. Das beweist natürlich nichts, ist aber ein guter Grund, nicht zu glauben. Wenn Gott sich nicht zeigt – jedenfalls nicht mir und nicht allen –, dann vielleicht, weil er es nicht will. Es kann aber auch sein, und diese Hypothese scheint mir naheliegender, dass er nicht existiert.

Eine unverständliche Erklärung

Auch mein drittes Argument ist ex negativo, aber nicht mit den beiden ersten zu verwechseln. Es hat weniger mit Beweisen zu tun als mit Erklärungen, weniger mit Erfahrung als mit Rationalität, weniger mit der Existenz als mit dem Begriff.

An Gott zu glauben läuft, theoretisch gesehen, immer auf den Versuch hinaus, etwas, das man nicht versteht – die Welt, das Leben, das Bewusstsein –, durch etwas zu erklären, das man noch weniger versteht: Gott. Wie kann man sich intellektuell mit einem solchen Ansatz zufriedengeben?

Nicht dass wir uns missverstehen: Von den Naturwissenschaften, so spektakulär ihre Erfolge besonders in den letzten drei Jahrhunderten auch gewesen sein mögen, sollte man keine Beweise gegen die Existenz Gottes erwarten. Dass anscheinend jeder wissenschaftliche Fortschritt die Religion zumindest punktuell zu einem entsprechenden Rückzieher zwingt (was sich durch Naturgesetze erklären lässt, braucht man nicht mehr durch Gott zu erklären), heißt noch lange nicht, dass die Wissenschaft die Religion insgesamt verdrängen oder gar ersetzen könnte (denn wodurch sind die Naturgesetze zu erklären?). Niemand wird heute mehr die Gezeiten oder eine Sonnenfinsternis mit dem Willen Gottes erklären. Aber niemand kann die Natur selbst erklären. Der Szientismus als Religion der Wissenschaft ist genauso zweifelhaft wie alle anderen Glaubensrichtungen. Außerdem ist er weniger poetisch und viel dümmer. Er geht an der Frage, die er zu lösen vorgibt, vorbei.

Ich meine etwas anderes. Es geht mir nicht darum, Religion durch Wissenschaft zu ersetzen, sondern darum, dass alle Erklärungen – etwa für die Existenz der Welt, des Lebens oder des Bewusstseins –, die Religionen angeblich bieten (Erklärungen übernatürlicher, nicht wissenschaftlicher Art), eines gemeinsam haben: dass sie nichts erklären, es sei denn durch Unerklärliches. Das ist ziemlich bequem und einigermaßen sinnlos. Natürlich kann ich die Welt, das Leben, das Bewusstsein nicht durch und durch verstehen. Manches ist uns unbekannt – so sind neue Erkenntnisse möglich. Manches wird es auch bleiben – das setzt uns dem Mysterium aus. Doch warum muss das Mysterium Gott sein? Vor allem, wenn ich von Gott überhaupt nichts verstehe – weil er per definitionem unbegreiflich ist. Weil er aus seinem Willen ein »Asyl der Unwissenheit« macht, wie Spinoza sagte. Dahinter kann man sich verstecken, wenn man erklären will, was man nicht versteht. So wird die Religion zur Universallösung, zu einer Art Theorie-Dietrich, der jedoch nur imaginäre Türen öffnet. Und was nützt uns das? Mit dem allmächtigen Gott lässt sich alles und jedes erklären – und das Gegenteil ebenso. Die Sonne dreht sich um die Erde? Das ist Gottes Wille. Die Erde dreht sich um die Sonne? Das ist Gottes Wille. Hat uns das jetzt weitergebracht? Außerdem: Was taugt so eine Erklärung, wenn Gott selbst unerklärlich und unbegreiflich bleibt?

Ich nehme das Mysterium lieber als das, was es ist: als

den Anteil an Unbekanntem oder Unerkennbarem, der alles Wissen, alles Leben umgibt, als den Anteil an Unerklärlichem, der jeder Erklärung zugrunde liegt oder entgegensteht. Ontologisch betrachtet, ist es genau das, was ich weiter oben das Mysterium des Seins nannte. Warum gibt es etwas und nicht nichts? Wir wissen es nicht. Wir werden es nie wissen. Es stimmt aber auch aus physikalischer oder wissenschaftlicher Sicht. Warum sind die Naturgesetze, wie sie sind? Das wissen wir genauso wenig. Und werden es wahrscheinlich auch nie wissen (weil man sie nur durch andere Gesetze erklären könnte). Dieses Mysterium schlicht Gott zu nennen ist eine wohlfeile Beruhigung, löst es aber nicht auf. Warum Gott und nicht nichts? Warum diese Gesetze und keine anderen? Angesichts des Schweigens im Universum scheint es mir angemessener zu schweigen, das ist das stärkere Bekenntnis zur Evidenz wie zum Mysterium und vielleicht auch (darauf komme ich im nächsten Kapitel zurück) zu wahrhaftigerer Spiritualität. Beten? Deuten? Das heißt nur, Worte über das Schweigen zu legen. Kontemplation ist besser. Achtsamkeit ist besser. Tun ist besser. Die Welt interessiert mich mehr als die Bibel oder der Koran. Sie ist mysteriöser und größer als diese (weil sie sie enthält), unergründlicher, erstaunlicher, anregender (weil man sie verändern kann, während die heiligen Bücher als unantastbar gelten) und wahrer (weil sie als Ganzes wahr ist, was die Bibel oder der Koran mit all ihren Naivitäten und Widersprüchen nicht sein können, außer sofern sie der Welt angehören, weil es kein Widerspruch ist, wenn ein von Menschen geschaffener Text Widersprüche birgt). Mysterium des Seins – Evidenz des Seins. Um wie viel banaler, vorhersehbarer, langweiliger wirkt daneben der Katechismus! Weil er uns gleicht. »Wenn Gott uns nach seinem Bilde gemacht hat, haben wir es ihm gut heimgezahlt«, schrieb Voltaire. Gott – Asyl des Unwissens und des Anthropomorphismus. Das Universum – Offenheit und Risiko für jedes Wissen und jedes Tun.

Ein befreundeter Maler ohne besonderen Glauben sagte einmal zu mir: »Ich bin kein Atheist, weil ich glaube, dass es ein Mysterium gibt.« Das ist ja eine Überraschung! Das glaube ich auch! Ich glaube sogar, dass es nur das gibt. Man kann bestimmt viele Dinge erklären, aber nicht alles, nicht einmal die Existenz erklärlicher Dinge, so dass alles, was man erklärt, im Unerklärlichen schwimmt. »Die Wahrheit liegt im Grunde des Abgrunds«, sagte Demokrit, und der Abgrund ist bodenlos. Das ist unser Ort. Das ist unser Los. Es gibt nichts Geheimnisvolleres als die Existenz der Welt, der Natur, des Seins, und doch sind wir darin (ja, mitten im Sein, mitten im Mysterium!). Das nennt man immanent, und Gott soll ja transzendent sein. Das Universum ist uns Mysterium genug. Warum sollten wir ein anderes erfinden?

Das Mysterium gehört niemandem. Es ist Teil des menschlichen Lebens. Vielleicht auch des Seins (sofern das Sein, wie ich glaube, nur durch sich selbst erklärbar ist, was es in Wahrheit unerklärlich macht). Dieses eigentliche, unbezwingliche Mysterium ist keineswegs ein Einwand gegen den Atheismus, sondern eher gegen die Religion, zumindest gegen einen bestimmten Typus von Religiosität. Das hat schon Hume erkannt, der in seinen *Dialogen über natürliche Religion* schrieb: »Wie unterscheidet Ihr Mystiker, die Ihr die absolute Unbegreiflichkeit der Gottheit behauptet,

Euch von Skeptikern oder Atheisten, die versichern, daß die erste Ursache aller Dinge unbekannt und unerkennbar sei?« Der Einwand ist stärker, als er scheint. Wenn nämlich das Absolute unerkennbar ist, was ermächtigt uns dann zu denken, dass es Gott sei?

Das ist die Grenze des Fideismus. Wenn der Glaube jede Vernunft übersteigt, wie will man dann wissen, woran man glaubt? »Credo quia absurdum«, sagen sie manchmal mit Tertull oder Augustinus, Pascal oder Kierkegaard: Ich glaube, weil es absurd ist. Schön für sie! Aber warum sollte das Absurde gerade Gott sein? Und was ist das für ein Beweis?

Es ist auch die Grenze des Deismus. Der Deismus ist ein Glaube ohne Offenbarung, ohne Kult, ohne Dogmen. Ein bescheidener Glaube. Ein minimalistischer Glaube. Ein abstrakter Glaube. Aber woran? Deist sein heißt an einen Gott glauben, ohne zu behaupten, dass man ihn kennt. »Ich glaube an Gott«, schrieb mir eine Leserin. »Aber nicht an den Gott der Religionen, die ja von Menschen gemacht sind. Der wahre Gott ist unbekannt ...« Ausgezeichnet! Doch wenn wir ihn gar nicht kennen, woher wissen wir dann, dass es Gott ist?

Schließlich ist das auch die Grenze der negativen oder apophatischen Religionen (vom griechischen *apophasis* – Verneinung). Gott ist unbegreiflich, es sei denn durch Analogie. Analogie womit? Mit dem Gläubigen. Das erläutert die berühmte Formulierung Montesquieus in seinen *Persischen Briefen:* »Wenn Dreiecke einen Gott hätten, würden sie ihn mit drei Seiten ausstatten.« Ist es also verwunderlich, wenn die Götter der Menschen diesen gleichen? So ist es bei den Göttern der Römer und Griechen. Und, wenn auch aus einem anderen Blickwinkel, bei dem Gott der monotheistischen Religionen. Weil die Vorstellung von ihm analog zu dem ist, was wir sind oder wissen: Gott ist für die Natur, was der Künstler oder Handwerker für sein Werk (der Architekt für das Haus, der Uhrmacher für die Uhr usw.) ist; er ist für die Menschen wie ein Vater für seine Kinder oder wie ein Herrscher für sein Volk; er ist für die Kirche wie der Bräutigam für die Braut... Daher ist alles, was positiv von Gott behauptet werden kann, anthropomorph: dem Menschen ähnlich. Die Religionen haben sich das auch nicht nehmen lassen. Nur weil es (im Judentum und im Islam) verboten ist, Gott abzubilden, macht man sich trotzdem ein Bild! Der Anthropomorphismus sitzt tief: Er bestimmt die Vorstellung, die wir von Gott haben. Das ist der Preis der Analogie. Schon wenn man Gott spirituell, personal und schöpferisch nennt, ist das ein Anthropomorphismus, aber das gehört zu seiner Definition. Gott Vater zu nennen ist auch ein Anthropomorphismus. Und das tun die Evangelien, das sagt auch die Kirche – siehe das Vaterunser und das Credo! Auch wenn man Gott gerecht, mächtig und weise nennt wie in der Bibel und im Koran, ist das ein Anthropomorphismus. Und auch wenn man behauptet, er sei Liebe, Gnade und Barmherzigkeit ... Was kann man also über Gott sagen, das kein Anthropomorphismus wäre? Genaugenommen nichts. Das verweist uns auf die erste Hypothese von Platons *Parmenides:* Wenn das Eine existiert, kann man darüber nichts sagen. »Somit lässt es sich weder benennen, noch lässt sich von ihm eine Aussage machen, noch lässt sich eine Meinung darüber bilden oder eine Erkenntnis davon gewinnen, noch irgendetwas wahrnehmen, was zu ihm gehört.« Dann gibt es aber keinen Grund, in diesem Einen einen Gott zu sehen, und keine Möglichkeit, ihn zu denken. Jeder Anthropomorphismus in Bezug auf das Absolute ist naiv oder lächerlich. Angesichts des Unsagbaren sollte man lieber schweigen.

Hier kommen die negativen Theologien ins Spiel: Sie versuchen gar nicht erst zu sagen, was Gott ist, weil das unmöglich ist, sondern nur, was er nicht ist: Er ist kein Körper, er ist nicht im Raum, er ist nicht in der Zeit, er ist kein Monarch, er ist kein Künstler, er ist keine Kreatur, er ist kein Greis mit Rauschebart... Nun gut. Er ist auch keine Gießkanne (um auf einen alten jüdischen Witz anzuspielen), keine Vollkaskoversicherung, kein wohlmeinender, hochbegabter Psychotherapeut, kein Kuscheltier, kein Ehemann oder Geliebter (trotz des Hoheliedes), kein Superbulle, kein Computer, kein Programm, keine Lotterie... Dem allen stimme ich gerne zu. Aber haben wir dadurch etwas von dem erfahren, was er ist? »Wir behaupten nichts und bestreiten nichts«, schreibt einer, der unter dem Pseudonym Dionysius Areopagita bekannt ist, »denn die einzige vollkommene Ursache ist jenseits jedes Behauptens, und die Transzendenz ist jenseits jedes Bestreitens.« Damit wird uns Schweigen oder Ekstase auferlegt. Das ist für die Gläubigen sehr bequem. Wie soll man Schweigen widerlegen? Wie eine Ekstase diskutieren? Aber so wird selbst der Begriff Gottes leer und undenkbar: Das Wort hat zwar einen Sinn (ein Signifikat, würden die Linguisten sagen), aber keiner kann angemessen denken, was es bezeichnen soll (sofern es existiert). Das beweist nicht, dass Gott nicht existiert (wie soll man die Nichtexistenz von etwas beweisen, das man nicht versteht?), schwächt aber die Position derer, die daran glauben. Wenn Gott unvorstellbar ist, dann ermächtigt uns nichts dazu, ihn als Subjekt oder Person zu denken, auch nicht als Schöpfer, als Gerechten, als Liebe, als Beschützer oder Wohltäter... Hier trifft sich der Mystizismus, wie Hume bemerkte, mit dem Atheismus. Wenn man über Gott nichts sagen kann, kann man auch nicht behaupten, dass er existiert oder dass er Gott ist. Alle Namen Gottes sind menschlich oder anthropomorph; aber ein Gott ohne Namen wäre keiner mehr. Das Unsagbare ist kein Argument. Ein Schweigen macht noch keine Religion.

Dagegen könnte man einwenden, dass auch der Atheismus der Entscheidung zwischen Anthropomorphismus und Unsagbarkeit nicht entgeht. »Wenn jeder Diskurs über Gott anthropomorph ist«, sagte ein katholischer Priester einmal zu mir, »dann gilt das für den, der die Existenz Gottes leugnet, genauso wie für den, der sie behauptet.« Nicht ganz, denke ich. An Gott glauben heißt nämlich, dass man dem Anthropomorphismus, den der Gottesbegriff unvermeidlich transportiert, zumindest teilweise recht gibt: durch die Annahme, dass das Absolute uns gleicht (ein Subjekt, eine Person, ein Geist ist) oder wir ihm gleichen (weil wir sein Ebenbild sind). Als Atheist geht man natürlich davon aus, dass die Vorstellung von Gott uns ähnelt (wir haben sie schließlich erfunden), denkt aber, dass das wirklich Höchste oder Erste uns nicht gleicht, dass es nichts Menschliches, nichts Persönliches, nichts Spirituelles hat. Das ändert alles. Der Gläubige und der Atheist können denselben Gottesbegriff verwenden oder müssen es sogar, aber der eine gibt zumindest teilweise dem Anthropomorphismus recht, den dieser Begriff mit sich bringt (ja, Gott ist wirklich Subjekt oder Geist, ja, er hat uns nach seinem Ebenbild geschaffen), während der andere ihm unrecht gibt (der Grund des Wirklichen ist weder Subjekt noch Geist; er ist Materie, Energie, Natur, »ohne Subjekt und Zweck«. Nur weil Religion und Atheismus sich desselben Begriffs bedienen und beide keine Beweise haben, sollte man sie trotzdem nicht verwechseln!

Kurz, in Bezug auf Gott kann man das Dilemma zwischen Schweigen (ein unvorstellbarer, unsagbarer, unbegreiflicher Gott) und Anthropomorphismus (ein allzu menschlicher, allzu verständlicher Gott, als dass er Gott sein könnte) nicht umgehen. Das ist eine offensichtliche Schwäche der Religion: Das Schweigen sagt nicht genug (warum sollte das Unsagbare Gott sein?), der Anthropomorphismus zu wenig (warum sollte das Absolute menschlich sein?).

Das Übermaß des Bösen

Ich komme jetzt zu den drei Argumenten ex positivo, die nicht nur dazu führen, dass ich nicht an Gott glaube (dieser ausschließlich negative Atheismus steht dem Agnostizismus sehr nahe), sondern auch dazu, dass ich glaube, dass Gott nicht existiert (positiver Atheismus oder Atheismus im engeren Sinn).

Das erste dieser Argumente ist das älteste, das banalste und das stärkste: Es ist die Existenz des Bösen oder vielmehr dessen Umfang, dessen Grausamkeit, dessen Übermaß. Ein positives Argument? Ja, insofern das Böse ein Faktum ist, das nicht nur eine Schwäche der Religion zeigt wie die drei vorherigen Argumente, sondern einen schwerwiegenden Grund dafür liefert, Atheist zu sein. Es ist ein so einleuchtendes, seit Epikur oder Lukrez so oft vorgebrachtes Argument, dass man fast zögert, darauf zurückzugreifen. Aber es ist unvermeidlich, weil das Böse und die Religionen weiterhin existieren.

Epikur kommt wie immer direkt zum Wesentlichen, das er nach Aussage von Laktanz in vier Hypothesen zusammenfasst. Keine ist befriedigend (was ich gern das *Tetralemma* der Religion nenne), und entsprechend ist es auch die Hypothese von einem Schöpfergott nicht:

> »Entweder will Gott das Böse beseitigen und kann es nicht; oder er kann und will es nicht; oder er will nicht und kann nicht; oder er will und kann. Wenn er kann und nicht will, ist er böse, was Gott fremd ist. Wenn er nicht kann und nicht will, ist er ohnmächtig und böse, also kein Gott. Wenn er will und kann, was Gott einzig zukommt, woher stammt dann das Böse oder warum schafft Gott es nicht ab?«

Die vierte Hypothese, die einzige, die unserer Gottesidee entspricht, wird also von der Wirklichkeit selbst widerlegt (durch die Existenz des Bösen). Daraus ergibt sich der Schluss, dass kein Gott die Welt geschaffen hat oder regiert, entweder weil es keinen gibt, oder weil die Götter (so dachte Epikur) sich nicht um uns kümmern, weil ihnen die Ordnung oder Unordnung der Welt, die sie nicht geschaffen haben und nicht beherrschen, egal ist … Keine Vorsehung also, kein Schicksal; von den Göttern ist nichts zu erhoffen und nichts zu befürchten. Außerdem, ergänzt Lukrez, zeigt die Natur durch ihre Mängel, »dass sie nicht von einer Gottheit für uns geschaffen worden ist«. Zu diesem Thema fand der Dichter einige seiner schönsten und tragischsten Töne: Das Leben ist zu schwer, die Menschen sind zu schwach, die Arbeit zu ermüdend, die Vergnügungen zu nichtig oder zu selten, der Schmerz zu häufig oder zu grausam, der Zufall zu ungerecht oder zu blind, als dass man glauben könnte, eine so unvollkommene Welt sei göttlichen Ursprungs!

Das nennt man traditionellerweise das Problem des Bösen. Aber ein Problem ist es nur für die Gläubigen. Für die

Atheisten ist das Böse eine Tatsache, die man anerkennen, bekämpfen und wenn möglich überwinden muss, aber nicht schwer zu verstehen. Die Welt ist nicht für uns gemacht, auch nicht von uns. Warum sollte sie unseren Wünschen, unseren Bedürfnissen, unseren Forderungen entsprechen? »Die Welt ist keine Kinderstube«, sagte Freud. Und Alain: »Diese Erde hat uns nichts versprochen.« Die Existenz des Bösen ist für den Atheisten selbstverständlich. Es ist weniger ein (theoretisches) Problem als ein (praktisches) Hindernis und eine Selbstverständlichkeit. Aber für die Gläubigen? Wie lässt sich die Allgegenwart des Bösen in einer Welt erklären, die von einem allmächtigen und allgütigen Gott erschaffen wurde? Hier wird das Selbstverständliche zu einem Widerspruch oder zu einem Mysterium. Leibniz hat das in seiner Theodizee in einem Satz gesagt: »Wenn Gott ist, woher kommt da das Übel, und wenn er nicht ist, woher kommt da das Gute?« Das heißt, die Beweislast allzu bequem verteilen. Trotz ihrer scheinbaren Symmetrie haben die beiden Fragen keineswegs dasselbe Gewicht. Dass es Gutes in der Welt gibt – Freude, Mitgefühl, Liebe –, lässt sich durch Natur und Geschichte hinreichend erklären. Wie aber ist die Tatsache, dass es so viel Böses gibt, das so grausam und so ungerecht ist, mit der Existenz, der Allmacht und unendlichen Vollkommenheit Gottes vereinbar?

Sehen wir uns das ein bisschen genauer an. Dass es Böses auf der Welt gibt, könnte man, selbst aus der Sicht der Gläubigen, verstehen und akzeptieren. Es ist der Preis der Schöpfung. Wenn die Welt keinerlei Böses enthielte, wäre sie vollkommen; wenn sie vollkommen wäre, wäre sie Gott, und es gäbe keine Welt... So argumentiert Simone Weil, die damit das paulinische Thema der Entäußerung oder *Kenosis* wiederaufnimmt beziehungsweise, vielleicht auch ohne es zu wissen, ein altes Thema der jüdischen Mystik, das *Zimzum:* Gott hat sich aus Liebe seiner Göttlichkeit entleert und sich zurückgezogen, damit in diesem Rückzug (Schöpfung), in dieser Distanz (Raum), in diesem Warten (Zeit), in dieser Gottleere (Universum) anderes als Er existieren kann. Schöpfung bedeutet für Gott also nicht, diesem, dem Unendlichen, das Er ist, Gutes hinzuzufügen (wie könnte Er es noch besser machen, da Er schon alles Gute ist, das möglich ist?), sondern die Einwilligung, nicht alles zu sein. Die Erschaffung der Welt ist keine Vermehrung, kein Fortschritt, wie die Menschen naiverweise glauben, sondern eine Zusammenziehung, eine Minderung, wie eine Amputation Gottes durch sich selbst. »Die Schöpfung«, schreibt Simone Weil, »ist von Gott kein Akt der Selbstausweitung, sondern des Rückzugs, des Verzichts. Gott und alle Kreaturen, das ist weniger als Gott allein. Gott hat diese Minderung akzeptiert. Er hat einen Teil des Seins von sich entleert. Er hat sich schon in diesem Akt seiner Göttlichkeit entleert; deshalb sagt Johannes, das Lamm sei bei der Grundlegung der Welt geschlachtet worden.« Wie sollte es da nicht Böses in der Welt geben, da die Welt nur Welt ist unter der Bedingung, nicht Gott zu sein?

Das mag eine Erklärung dafür sein, dass es Böses auf der Welt gibt. Aber muss es so viel davon geben? Bei all meiner Bewunderung und Liebe für Simone Weil – das konnte ich noch nie nachempfinden oder hinnehmen.

Die Erfahrung ist hier wichtiger als die Metaphysik. Und die Sensibilität womöglich noch entscheidender als die Erfahrung. Bleibt, dass das Böse selbst für die größten Optimisten wie Leibniz unbestreitbar ist. Auch das Gute? Zweifellos. Aber mit der Natur lässt sich beides hinreichend erklären, während durch Gott beides unbegreiflich wird, das Böse, weil zu viel, das Gute, weil zu selten. Es gibt auf dieser Welt ein Übermaß an Grauen, ein Übermaß an Leid, ein Übermaß an Ungerechtigkeit – und zu wenig Glück –, als dass die Idee, sie sei von einem allmächtigen, allgütigen Gott erschaffen worden, mir akzeptabel erschiene.

Zwar sind oft die Menschen verantwortlich für Leiden und Ungerechtigkeiten. Aber wer hat die Menschen erschaffen? Gläubige werden mir erwidern, dass Gott uns als freie Wesen erschaffen habe, weshalb wir auch Böses tun könnten... Das führt zu der bereits erwähnten unlösbaren Frage: Sind wir also freier als Gott, der nur zum Guten fähig ist – weil Vollkommenheit verpflichtet? Und selbst wenn wir dieses Problem beiseitelassen – warum hat Gott uns so schwach, so feige, so brutal, so gierig, so eitel, so plump gemacht? Warum gibt es so viele Schweine und Spießer und so wenige Helden und Heilige? Warum so viel Egoismus, Neid und Hass und so wenig Liebe und Großzügigkeit? Banalität des Bösen – Ungenügen des Guten. Ein Gott hätte doch, auch wenn er uns frei und unvollkommen wollte, für ein günstigeres Verhältnis sorgen können!

Schließlich und vielleicht vor allem sind jene Leiden zu nennen, die seit Jahrtausenden die Menschheit heimsuchen, obwohl sie nichts dafür kann. All die Kinder, die krank werden und sterben, oft unter schrecklichen Qualen. Millionen von Frauen, die, von seelischen und körperlichen Schmerzen zerrissen, im Kindbett starben (und es auch heute noch tun). Die Mütter dieser Kinder, die Mütter dieser Frauen (sofern sie noch leben), unfähig, zu helfen oder zu lindern, und gezwungen, das Entsetzliche ohnmächtig mit anzusehen… Wer wollte es wagen, ihnen mit der Erbsünde zu kommen? Es gibt unzählige Arten von Krebs (und nicht alle sind der Umwelt oder der Lebensweise geschuldet). Es gibt Pest, Lepra, Malaria, Cholera, Alzheimer, Autismus, Schizophrenie, Mukoviszidose, Myopathie, multiple Sklerose, ALS, Chorea Huntington… Es gibt Erdbeben, Tsunamis, Orkane, Dürren, Überschwemmungen, Vulkanausbrüche… Es gibt das Unglück der Gerechten und das Leiden der Kinder. Für all das ist die Erbsünde als Erklärung lächerlich oder obszön. »Wir müssen schuldig geboren werden«, schreibt Pascal, »oder Gott wäre ungerecht.« Es gibt eine andere, einfachere Erklärung: dass Gott nicht existiert.

Und dann gibt es das Leiden der Tiere, das lange vor dem Auftreten des Menschen begann. Milliarden von Tieren in Millionen von Arten haben nur davon gelebt, Milliarden anderer zu fressen, deren einzige Schuld es war, dass sie zu schwach oder zu langsam waren, um ihnen zu entkommen. Ich bin kein militanter Tierschützer, aber trotzdem. Man muss sich nur die Tiersendungen im Fernsehen anschauen: Tiger, die Gazellen reißen, Fische, die andere verschlingen, Vögel, die Würmer aufpicken, Insekten, die andere aussaugen… Man kann ihnen nichts vorwerfen, sie tun nur ihre Pflicht als Lebewesen. Aber wie passt das ganze Leid ihrer Opfer während so langer Zeit zu einem angeblich göttlichen Plan? Unsere Tierschützer protestieren, und das wohl zu Recht, gegen das Stopfen der Gänse. Aber was soll man dann von der Erfindung der Fleischfresser halten? Das

Leben, wie es angeblich von Gott geschaffen wurde, ist von einer erschreckenden Brutalität und Ungerechtigkeit, und das lange vor dem Auftreten des *homo sapiens.* Ein ewiges, unaufhörliches Gemetzel. So gesehen, stimmt doch die erste »heilige Wahrheit« Buddhas, der lehrt, alles Leben sei Leiden, *sarvam dukkham,* viel besser mit unserer Erfahrung überein als die Lehren der monotheistischen Religionen! Das Leiden ist unermesslich. Das Unglück ist unermesslich. Dass es auch Lust und Freuden gibt, ist mir nicht entgangen. Doch das zu erklären genügt die Natur, während das Grauen durch Gott unerklärlich wird.

Manche Gläubige kämpfen angesichts des Bösen, das so offensichtlich wie unbestreitbar ist, heute an der entgegengesetzten Front: Sie beschwören nicht mehr die Allmacht Gottes, sondern seine Ohnmacht oder Schwäche. Das ist eine Variante der *Kenosis* oder des *Zimzum,* etwa in Hans Jonas' *Gottesbegriff nach Auschwitz.* Um die Geschichte mit ihren immer neuen Schrecken, ihrer Maßlosigkeit und Grausamkeit kommt man nicht herum. Die Shoah macht selbst die Idee eines allmächtigen Gottes unerträglich. Daher sollte man darauf verzichten und gegen den Strich der Tradition die tragische Schwäche eines Gottes im Werden und im Leiden annehmen, eines Gottes, der sich seiner Göttlichkeit entkleidet hat, wie Hans Jonas sagt (hier ist er ganz nahe an Simone Weil, die er aber nicht zitiert), eines hilflosen Gottes, der nur unter dem Verzicht auf seine Allmacht die Welt und den Menschen erschaffen konnte. Warum nicht? Angesichts des Grauens ist das besser als etwa Leibniz' unpassende Rechtfertigungen. Das Grauen jedenfalls existiert ungehindert weiter.

Begründet wird das Thema des schwachen Gottes, das auch bei Dietrich Bonhoeffer anklingt und bei zahlreichen christlichen Theologen heute, mit dem Leben Christi, dessen Anfang und Ende Extreme der Schwäche sind: Krippe und Kreuzweg – das nackte Kind zwischen Ochs und Esel und der Gekreuzigte zwischen zwei Dieben … Alain, der Lehrer Simone Weils, hat sehr schöne Worte zu diesem Thema gefunden. »Die Macht hat sich zurückgezogen«, heißt es in *Les Dieux.* Und die folgende Stelle in *Préliminaires à la mythologie* konnte ich nie ohne Ergriffenheit lesen:

> »Wenn man mir noch immer von einem allmächtigen Gott erzählt, erwidere ich: Das ist ein heidnischer, ein überholter Gott. Der neue Gott ist schwach, gekreuzigt, erniedrigt; das ist sein Zustand; das ist sein Wesen. Denkt an das Bild und tüftelt nicht daran herum. Sagt nicht, der Geist wird triumphieren, sagt nicht, dass die Macht und der Sieg, Wächter und Gefängnisse und die goldene Krone am Ende doch sein sind. Nein. Die Bilder sprechen zu laut; man kann sie nicht widerlegen. Die Dornenkrone ist sein.«

Dieser Gott ist für Alain umso schwächer, als er nicht Gott ist – er ist nichts als Geist (»immer erniedrigt, geschlagen, gekreuzigt und am dritten Tage wiederauferstanden«); er ist nur im Menschen. Wahrer Humanismus, wahrer Spiritualismus funktionieren ohne Kirche, ohne Dogmen, ohne Gott. Den schwachen Gott, von dem er spricht, zu begreifen fällt mir schwerer, einen Gott, der angeblich genügend

Macht hat, das Universum und den Menschen zu schaffen, vielleicht sogar, uns von den Toten auferstehen zu lassen, aber zu wenig, um ein Kind oder sein Volk zu retten.

Andere Gläubige flüchten sich in ihre Unfähigkeit, das Problem zu lösen: Das Böse sei »ein Mysterium«. Das glaube ich überhaupt nicht. Es ist vielmehr eines der wenigen Dinge, die für uns selbstverständlich sind (wie Pascal mit seiner üblichen Hellsicht bemerkte: »Wir kennen das Schlechte und das Falsche gut«, nicht jedoch das Gute und das Wahre). Ihr Gott ist ein Mysterium oder macht das Böse mysteriös. Und auf dieses Mysterium, das reine Vorstellung ist, möchte ich lieber verzichten. Besser, man erkennt das Böse als das, was es ist – in seiner Banalität und seinem Übermaß, in seiner grausamen, unannehmbaren Evidenz –, besser, man sieht ihm ins Auge und bekämpft es, so gut man kann. Das ist dann nicht mehr Religion, sondern Moral; nicht mehr Glauben, sondern Handeln.

Das Mittelmaß des Menschen

Mein fünftes Argument für meinen Atheismus hat weniger mit der Welt als mit den Menschen zu tun: Je mehr ich sie kenne, desto weniger kann ich an Gott glauben. Sagen wir, ich habe keine so hohe Meinung von der Menschheit im Allgemeinen und von mir im Besonderen, als dass ich mir vorstellen könnte, ein Gott sei der Ursprung dieser Spezies bzw. dieses Individuums. Zu viel Mittelmaß allenthalben. Zu viel Engstirnigkeit. Zu viel Nichtswürdigkeit, wie Montaigne sagt. Zu viel Eitelkeit, wie er auch sagt (»dass von allen Eitelkeiten die eitelste der Mensch ist«). Und dazu ist Allmacht vonnöten? Vielleicht hat er es anderswo besser gemacht, sagen Sie... Vielleicht. Aber ist das ein Grund, sich hier mit so wenig zufriedenzugeben? Was würden Sie von einem Künstler halten, der Ihnen unter dem Vorwand, bei anderen seien ihm schon Meisterwerke geglückt, seinen Schrott andrehen wollte? Nun ist das unter Künstlern wohl gar nicht so selten, aber von einem allmächtigen und unendlich gütigen Wesen sollte man doch mehr erwarten können... Kurz, die Vorstellung, Gott hätte etwas so Mittelmäßiges wie den Menschen erschaffen, kommt mir, ich wiederhole es, nicht sehr plausibel vor.

»Gott schuf den Menschen zu seinem Bilde«, lesen wir in der *Genesis.* Kommen einem da nicht Zweifel am Original? Die Abstammung des Menschen vom Affen scheint mir viel besser vorstellbar und einleuchtender, eher *originalgetreu.* Darwin war ein Meister der Barmherzigkeit...

Haben also die Misanthropen recht? Überhaupt nicht! Im Grunde seines Herzens ist der Mensch nicht schlecht. Er ist nur zutiefst mittelmäßig, das ist aber nicht seine Schuld. Er tut ja, was er kann, mit dem, was er hat, und dem, was er ist, aber er ist und kann halt nicht allzu viel. Das sollte uns ihm gegenüber nachsichtig, manchmal geradezu ehrfürchtig machen. Materialismus, sagte La Mettrie, ist das beste Mittel gegen Misanthropie: Da die Menschen Tiere sind, ist es unsinnig, sie zu hassen oder zu verachten. Als Abbilder Gottes wären wir lächerlich oder furchterregend. Als der Natur entsprungene Tiere können wir uns sogar gewisse Qualitäten und Verdienste zuschreiben. Wer hätte vor hunderttausend Jahren geahnt, dass diese großen Affen einmal auf dem Mond landen würden, einen Michelangelo oder Mozart, Shakespeare oder Einstein hervorbringen könnten, dass sie Menschenrechte und sogar Rechte für Tiere entwickeln? Wir setzen uns für den Schutz der Wale und der Elefanten ein. Und tun recht damit. Wenn aber – könnte ja sein – die Menschheit zu einer bedrohten Art würde, würde kein Wal eine Flosse und kein Elefant seinen Rüssel rühren, um uns zu retten. Naturschutz ist dem Menschen eigen (ja, trotz der Umweltverschmutzung oder vielmehr deswegen), und nur die Menschen räumen den Tieren auch Rechte ein. Das spricht sehr für unsere Art.

Ist das jetzt ein Kult des Menschen? Bestimmt nicht. Was wäre der Mensch für ein kläglicher Gott! Humanismus ist keine Religion, sondern eine Moral (die auch unsere Pflichten gegenüber anderen Arten umfasst). Der Mensch ist nicht unser Gott, er ist unser Nächster. Menschlichkeit ist keine Kirche, sondern unser Anspruch. Es geht darum – sagen wir es noch einmal mit Montaigne –, gut und recht Mensch zu sein, und damit hat man genug zu tun. Es ist ein Humanismus ohne Illusionen und ohne Rettung. Man sollte den Menschen – und sich selbst – vergeben, dass sie so sind, wie sie sind: weder Engel noch Tiere, wie Montaigne vor Pascal sagte, weder Sklaven noch Übermenschen. Manche »streben über sich hinaus und suchen ihrem Menschsein zu entrinnen. Das ist Torheit«, heißt es bei Montaigne. »Statt sich in Engel zu verwandeln, verwandeln sie sich in Tiere, statt sich zu erheben, stürzen sie zu Boden. Solch ins Jenseits entrückte Seelenzustände erschrecken mich wie unzugängliche und schwindelerregende Höhen.« Ein klarer Verstand ist genug und besser.

Der Mensch: endlich und außergewöhnlich. Derselbe *homo sapiens,* der nur eine groteske Imitation Gottes wäre, ist die Ausnahmeerscheinung unter den Tieren: Er hat ein erstaunlich komplexes und leistungsfähiges Gehirn; er ist fähig zur Liebe, zur Revolte und zur Erfindung; er hat Wissenschaften und Künste, Moral und Recht, Religion und Atheismus, Philosophie und Humor, Gastronomie und Erotik hervorgebracht. Das ist nicht nichts! Kein Tier wäre zu seinen besten Leistungen fähig gewesen. Zu seinen schlimmsten Taten auch nicht. Das sagt uns, dass der Mensch ein einzigartiges Wesen ist. Aber von einem Gott gemacht? In seiner ganzen Armseligkeit, seinem Narzissmus und Egoismus, seinen Eifersüchteleien, seinen kleinen Feldzügen aus Hass, Rache oder Neid, mit seinen kleinen Vergnügungen, gelenkt von Bequemlichkeit und Eigenliebe, mit seinen kleinen Feigheiten, seinen kleinen oder großen Schändlichkeiten? Für all das soll ein Gott herhalten? Der Arme! Wie muss er sich darüber ärgern, sofern er existiert, wenn er sich nicht in Grund und Boden schämt! Schalten Sie einmal einen Privatsender ein, sehen Sie einen Tag lang fern, und dann fragen Sie sich angesichts all dieser Dummheit, Brutalität und Gemeinheit: Wie hätte ein allmächtiges und allwissendes Wesen das wollen können? Sie werden einwenden, dass die Fernsehprogramme nicht von Gott gemacht sind. Ja. Aber die Menschen, die für Quoten und Programme verantwortlich sind … Kann man bei diesen mittelmäßigen Geschöpfen noch an die unendliche Vollkommenheit des Schöpfers glauben?

Ich überspitze? Nicht allzusehr, scheint mir. Ich vereinfache, das ist auch nötig, sagen wir, ich nehme den kürzesten Weg und betrachte, um voranzukommen, nur die eine Seite der Frage. Ich weiß wohl, dass es (sogar im Fernsehen) Meisterwerke gibt, Genies, Helden und ein paar veritable Schweinehunde unter der großen Mehrheit braver Leute. Aber die beiden Seiten der Menschheit – Licht und Schatten, Größe und Misere – haben, was unsere Frage betrifft, weder die gleiche Dauer noch die gleiche Kraft. Das Elend des Menschen, wie Pascal sagt, erscheint mir sehr viel unvereinbarer mit seinem göttlichen Ursprung als seine Größe mit seiner natürlichen Herkunft! Dass wir zu Liebe und Mut, Klugheit und Mitleid fähig sind, dafür reicht die natürliche Selektion als Erklärung aus. Das sind Selektionsvorteile, die die Weitergabe unserer Gene wahrscheinlicher machen. Aber dass wir in diesem Ausmaß zu Hass, Gewalt und Niedertracht fähig sind (was sich mit dem Darwinismus ohne Probleme verträgt), überfordert meines Erachtens jede Theologie. Ich brauche wohl nicht zu betonen, dass ich mich für keine Ausnahme halte. Je besser ich mich kenne, desto weniger kann ich an unseren göttlichen Ursprung glauben. Und je mehr ich die anderen Menschen kenne, desto schlimmer wird es... Wer an Gott glaubt, habe ich irgendwo geschrieben, begeht die Sünde der Hoffahrt: Damit unterstellt man einer sehr kleinen Wirkung eine sehr große Ursache. Der Atheismus dagegen ist eine Art Bescheidenheit. Wir sind Kinder der Erde (frz.: *humus,* daher kommt *humilité,* die Bescheidenheit), und das merkt man. Besser, man akzeptiert es und erfindet sich einen Himmel, der dazu passt.

Wunsch und Illusion

Das sechste und letzte Argument, das mich zur Entscheidung für den Atheismus veranlasst, ist vielleicht eher subjektiv. Aber wären wir keine Subjekte, würde die Frage sich gar nicht erst stellen.

Worum es geht? Um uns – und unseren Wunsch nach Gott. Ich sehe darin einen besonders überzeugenden Grund, nicht zu glauben: Ich bin auch deshalb Atheist, weil es mir lieber wäre, wenn es einen Gott gäbe! Das ist weniger paradox, als es klingt. Atheist zu sein heißt nicht unbedingt, gegen Gott zu sein. Warum sollte man gegen etwas sein, das es nicht gibt? Aber da ist noch mehr: Ich muss gestehen, dass ich meinerseits eher für einen Gott wäre ... Deshalb ist jede Religion mir suspekt.

»Die Philosophie verheimlicht es nicht. Das Bekenntnis des Prometheus: [...] den Göttern allen heg ich Hass, ist ihr eigenes Bekenntnis«, schrieb der sehr junge Marx 1841 (in seiner Dissertation über Demokrit und Epikur). Naivität der Jugend. Die Philosophie hasst die Götter nicht, nicht einmal alle Philosophen tun das (die größten, auch Atheisten, behandeln sie mit Respekt). Und was den Christengott betrifft, den einzigen, mit dem ich, wenn auch nur imaginär, ein wenig Umgang hatte, wüsste ich nicht, warum ich ihn hassen sollte. Eher im Gegenteil. Was gibt es Liebenswerteres als einen Gott der Liebe? Wer träumte nicht davon? Das ist allerdings kein Grund, daran zu glauben. Was beweist schon ein Traum? Dass wir für die Gerechtigkeit sind, beweist ja auch nicht, dass sie existiert. Eher müssen wir da Alain recht geben: »Gerechtigkeit gibt es nicht; deshalb muss man sie erzeugen.« Ja, soweit wir können, und ein bisschen können wir es auch. Man muss nur wollen. Man muss eigentlich nur dafür sein, wenn das mehr ist als eine Pose oder ein Diskurs. Aber wer könnte *Gott erzeugen*? Niemand muss am Unmöglichen festhalten. Gott ist dieses Unmögliche, und falls er existiert, hält er uns vielleicht fest, falls nicht, müssen wir uns auch nicht an ihn halten.

Gott oder der absolute Traum oder der Traum vom Absoluten: unendliche Liebe, Gerechtigkeit, Wahrheit... Dafür bin ich, wie die meisten Menschen, ich meine, es wäre mir lieber, wenn es das gäbe; aber das ist kein hinreichender Grund, an Gott zu glauben, sondern ein viel besserer, sich dem Glauben zu verweigern. Manche werden sich darüber wundern: »Wenn es Ihnen lieber wäre, dass Gott existiert, sollten Sie an ihn glauben!« Nein, ganz im Gegenteil! Eben weil es mir lieber wäre, wenn Gott existierte, habe ich gute Gründe, an seiner Existenz zu zweifeln. Mir wäre es auch lieber, es gäbe nie wieder Krieg, Armut, Ungerechtigkeit oder Hass. Aber wenn mir das jemand für morgen verspricht, ist er für mich ein Träumer, der seine Wünsche für Wirklichkeit hält, oder ein Terrorist, der vorhat, mir seinen Traum aufzuzwingen.

Warum es mir lieber wäre, wenn Gott existierte? Weil es die Erfüllung meiner größten Wünsche wäre. Hätte ich eine Neigung zum Glauben, würde das allerdings reichen, um mich davon abzubringen: Von einem Glauben, der so sehr unseren Wünschen entspricht, steht zu befürchten, dass er nur erfunden wurde, um diese Wünsche (wenigstens in der Phantasie) zu befriedigen. Wir sollten endlich einsehen, dass die Wirklichkeit, vorsichtig gesprochen, keineswegs dazu neigt, unsere Hoffnungen so weitgehend zu erfüllen.

Und was wünschen wir uns mehr als alles andere? Wenn wir die alltäglichen, niedrigen Wünsche beiseitelassen, zu deren Erfüllung kein Gott nötig ist, dann sind unsere sehnlichsten Wünsche: nicht zu sterben oder wenigstens nicht ganz oder nicht für immer; die geliebten Menschen, die wir verloren haben, wiederzufinden; dass Frieden und Gerechtigkeit endlich den Sieg davontragen; und schließlich und vor allem: geliebt zu werden.

Und was sagt uns die Religion, besonders die christliche? Dass wir nicht sterben oder wenigstens nicht wirklich und am Ende auferstehen werden; dass wir dann auch die geliebten Menschen, die wir verloren haben, wiederfinden; dass Friede und Gerechtigkeit schließlich doch triumphieren; und schließlich, dass wir seit jeher mit unendlicher Liebe geliebt werden ... Was wollen wir mehr? Nichts! Eben das macht die Religion suspekt. Es ist einfach zu schön, um wahr zu sein! Das meint auch Freud, in der *Zukunft einer Illusion:* »Es wäre ja sehr schön, wenn es einen Gott gäbe als Weltenschöpfer und gütige Vorsehung, eine sittliche Weltordnung und ein jenseitiges Leben, aber es ist doch sehr auffällig, dass dies alles so ist, wie wir es uns wünschen müssen.« Und Nietzsche im *Antichrist:* »Der Glaube macht selig: folglich lügt er.« Gott ist zu wünschenswert, um wahr zu sein, die Religion zu tröstlich, um glaubwürdig zu sein.

Was Freud und Nietzsche hier vorexerzieren und ich mit ihnen aufzuzeigen versuche, ist eine Art Umkehrung des ontologischen Gottesbeweises, wenn auch aus einem anderen Blickwinkel: Eben weil Gott als höchst vollkommenes Wesen definiert wird (von dem nichts Besseres gewünscht werden kann, würde ich mit Anselm von Canterbury sagen), ist es richtig, nicht zu glauben.

Es ist auch eine Art umgekehrter Pascalscher Wette. Bekanntlich war Pascal überzeugt, dass es keinen Beweis für die Existenz Gottes gebe oder geben könne (und bewies damit einen schärferen Verstand als Descartes oder Leibniz) und dass man, selbst wenn es einen gäbe, Gott damit nicht beweisen könne (man kann nur eine Wahrheit beweisen, aber »die Wahrheit ohne die christliche Liebe ist nicht Gott«: Ein Gott, den man beweisen könnte, wäre der Gott »der Philosophen und Gelehrten«, nicht der Jesu Christi). Wenn man aber Gott nicht *beweisen* kann, kann und muss man darauf *wetten*, dass er existiert. Warum? Aufgrund der Wahrscheinlichkeitsrechnung und der Spieltheorie, zu deren Erfindung Pascal gemeinsam mit Fermat beitrug. Wir haben in der Religion alles zu gewinnen, erklärt Pascal in einem berühmten Fragment seiner *Gedanken*, und nichts zu verlieren. Mathematisch rechnet sich die Sache in etwa. Wann ist eine Wette akzeptabel? Wenn das Verhältnis zwischen Einsatz und möglichem Gewinn mindestens der Wahrscheinlichkeit des letzteren entspricht: Spielt man etwa Kopf oder Zahl, ist die Gewinnwahrscheinlichkeit 1:2, also muss der erhoffte Gewinn mindestens doppelt so hoch sein wie der Einsatz, damit das Spiel sich lohnt. Liegt er darunter, sollte man nicht wetten; liegt er darüber, ist es natürlich im eigenen Interesse, die Wette anzunehmen. Wenn es um Gott geht oder besser um unseren Glauben an ihn, überschreitet der potentielle Gewinn (»unendlich viele von unendlich glücklichen Leben«, schreibt Pascal) den Einsatz (unser irdisches, sterbliches, elendes Leben) um ein Unendliches. Daher gibt es kein Zögern, wenn die Wahrscheinlichkeit, zu gewinnen, nicht null ist und die Wahrscheinlichkeit, zu verlieren, nicht unendlich (die Existenz Gottes ist ja möglich), Einsatz und Gewinn also unendlich weit auseinanderliegen: Dann muss man wetten, dass es Gott gibt. Das wird in dem berühmten Satz zusammengefasst: »Wenn Ihr gewinnt, so gewinnt Ihr alles, und wenn Ihr verliert, so verliert Ihr nichts.«

Die Beweisführung scheint mir, auch wenn sie mathematisch korrekt sein sollte, theologisch zweifelhaft. Warum sollte die Gnade der Wahrscheinlichkeitsrechnung gehorchen? Wie kann mein Heil von einer Wette abhängen? Gott ist kein Croupier. Nichts kann ihn hindern, mich zu verdammen, auch wenn ich auf seine Existenz gewettet habe, noch mich zu retten, auch wenn ich dagegen gewettet habe. Aber lassen wir diesen theologischen Einwand beiseite. Pascals Wette scheint mir vor allem aus philosophischer Sicht unannehmbar. Denken ist kein Hasardspiel. Das Bewusstsein ist kein Kasino. Warum sollten wir unsere Vernunft unserem Nutzen unterordnen? Unseren Geist einem Kalkül der Risiken und Gewinne? Die Philosophie einer Spielmethode? Das wäre unwürdig – uns, der Vernunft und Pascal gegenüber (seine Wette war nicht für ihn selbst gedacht, sondern für die Libertins, die nur an ihr Vergnügen glaubten). Hier stoßen Hedonismus und Utilitarismus an ihre Grenzen. Ich bin kein Spieler, sondern ein denkender Mensch. Ich suche nicht zuallererst meinen Nutzen, sondern die Wahrheit, und nichts spricht dafür, dass beides zusammenpasst. Das ist sogar eher unwahrscheinlich, weil mein Nutzen speziell ist und die Wahrheit universell. Deshalb muss gerade der Nutzen, den mir der Glaube an Gott verspricht (siehe Pascals Wette), mich skeptisch machen gegenüber der Versuchung, tatsächlich an ihn zu glauben – da ich weder einen Beweis seiner Existenz noch irgendeine Erfahrung damit habe –, gerade der Nutzen stellt also einen starken Grund gegen den Glauben dar. Warum sollte die Wirklichkeit, die das sonst doch auch nicht tut, mir gerade hier so entgegenkommen?

Jede Religion ist optimistisch (selbst der Manichäismus sagte den letztlichen Triumph des Guten voraus) – das sagt viel aus über die Religion.

»Evangelium« heißt auf Griechisch »frohe Botschaft«; das sagt viel aus über das Christentum. Das ist der Geist der Seligpreisungen. Kein Wunder, dass uns das berührt und verführt! Ein Himmelreich für die Armen, Trost für die Trauernden? Der endgültige Triumph des Lebens über den Tod, des Friedens über den Krieg? Ewigkeit, jedenfalls für die Gerechten, und unendliches Glück? Man kann es sich nicht schöner erträumen, und das macht die Sache so unwahrscheinlich. Ein Glaube, der durch nichts belegt ist und der so sehr unseren stärksten Wünschen entspricht – wie sollte das nicht den Verdacht aufkommen lassen, dass dieser Glaube nur ein Ausdruck dieser Wünsche ist, aus ihnen abgeleitet, wie Freud sagt, dass er also, anders gesagt, die Struktur einer Illusion hat?

Was ist eine Illusion? Nicht dasselbe wie ein Irrtum, erklärt Freud, die Illusion muss auch nicht notwendig falsch sein. Eine Illusion sei eine »Ableitung aus menschlichen Wünschen« – begehrender Glaube oder gläubiges Begehren. Das entspricht der geläufigen Bedeutung des Wortes: Sich Illusionen machen heißt, Wünsche für die Wirklichkeit zu halten. Etwa, wenn ein armes Mädchen davon überzeugt ist, es werde einen Prinzen oder Milliardär heiraten. Das sei zwar unwahrscheinlich, bemerkt Freud, aber nicht vollkommen unmöglich. Es könnte sein, dass dieses Mädchen recht behält. Das ändert aber nichts daran, dass es sich einer Illusion hingibt, weil sein Glaube sich auf keinerlei Wissen stützt, sondern ausschließlich auf den sehr starken Wunsch, dass es so sein möge. Die Illusion ist also kein bestimmter Irrtumstypus, sondern ein bestimmter Glaubenstypus: Man hält etwas für wahr, weil man es sich so sehr wünscht. Menschlich gesehen vollkommen verständlich. Philosophisch betrachtet äußerst zweifelhaft.

Dieses sechste Argument ergibt zusammen mit dem dritten (»Eine unverständliche Erklärung«) eine Art Chiasmus, der beide noch verstärkt: In metaphysischer Hinsicht ist Gott zu unbegreiflich, um nicht anfechtbar zu sein (wie soll man von etwas, das man nicht begreift, wissen, ob es ein Gott ist oder ein Hirngespinst?); in anthropologischer Hinsicht ist die Religion nur allzu begreiflich, um nicht suspekt zu sein.

Stellen Sie sich vor, ich will mir ein Apartment in den USA kaufen, in der besten Gegend von New York, Manhattan also, und mit unverbaubarer Sicht auf den Central Park… mindestens sechs Zimmer, zwei Bäder, eine sonnige Terrasse, alles in gutem Zustand und für unter 100 000 Dollar... »Ich habe es noch nicht gefunden«, könnte ich zu Ihnen sagen, »aber ich suche weiter; ich vertraue darauf, ich glaube daran!« Sie würden denken, dass ich mir Illusionen mache, und Sie hätten sicher recht. Das beweist keineswegs, dass ich unrecht habe (ich könnte einen verrückten Verkäufer treffen oder einen Mäzen, der mir ein Geschenk machen möchte), aber meine Position ist eher unglaubwürdig: In Wahrheit sind Sie alle davon überzeugt, dass ich nicht so viel Glück haben werde. Und wenn ich zu Ihnen sagte, dass es einen unsterblichen, allwissenden, allmächtigen, allgütigen und gerechten Gott voller Liebe und Barmherzigkeit gibt, würden Sie eher daran glauben als an ein schönes Sechs-Zimmer-Apartment im Herzen New Yorks für unter 100 000 Dollar? Dann haben Sie entweder eine sehr geringe Vorstellung von Gott oder eine sehr hohe von Immobilien.

Spinoza meint, »dass wir von Natur so beschaffen sind, dass wir leicht glauben, was wir hoffen, aber schwer, was wir fürchten. (...) Hieraus ist allerlei Aberglauben entstanden, von dem die Menschen allerorten aufgeregt werden.« Ein Grund mehr, dem zu misstrauen, was wir glauben, wenn es in dieselbe Richtung geht wie das, was wir hoffen! Wer hofft denn nicht, dass am Ende Gerechtigkeit und Frieden triumphieren? Wer möchte nicht geliebt werden? Wer wünschte nicht den endgültigen Sieg des Lebens über den Tod? Wenn es nach mir ginge, würde Gott seit Ewigkeiten existieren, das können Sie mir glauben! Aber angesichts der Evidenz, die nicht von mir abhängt, muss ich leider feststellen, dass unser Wunsch nach Gott – der Wunsch der Kleinkinder, die wir alle sind, nach Schutz durch Liebe, nach einem »erhöhten Vater«, wie Freud sagt – eines der stärksten Argumente gegen den Glauben an dessen Existenz ist.

Das Recht, nicht zu glauben

Ein paar Worte noch, um dieses Kapitel zusammenzufassen und abzuschließen. Sechs Hauptargumente habe ich. Die drei ersten bringen mich dazu, nicht an Gott zu glauben, die drei folgenden, zu glauben, dass er nicht existiert: Da ist die Schwäche der Gegenargumente (der angeblichen »Gottesbeweise«); die mangelnde Erfahrung (wenn es Gott gäbe, müsste man mehr von ihm sehen und spüren); meine Weigerung, etwas, das ich nicht verstehe, durch etwas zu erklären, was ich noch weniger verstehe; das Übermaß des Bösen; das Mittelmaß des Menschen; und schließlich die Tatsache, dass Gott so sehr unseren Wünschen entspricht, dass man allen Grund zu denken hat, er sei nur erfunden worden, um sie – wenigstens in der Phantasie – zu erfüllen (was aus der Religion eine Illusion im freudschen Sinne des Wortes macht). Dass keines dieser Argumente als Beweis taugt, auch nicht in der Summe, wurde schon eingangs gesagt, und daran halte ich fest. Gibt es Gott? Wir wissen es nicht. Wir werden es niemals wissen, jedenfalls nicht in diesem Leben. Deshalb stellt sich die Frage: Glauben oder nicht? Der Leser weiß jetzt, warum ich jedenfalls nicht an Gott glaube: erstens, weil kein Argument seine Existenz beweist; dann, weil keine Erfahrung sie belegt; und schließlich, weil ich mich zum Mysterium des Seins bekenne, zu Grauen und Mitgefühl angesichts des Bösen, zu Barmherzigkeit und Humor angesichts des Menschen (wenn Gott uns nach seinem Bilde und absolut frei geschaffen hätte, wären wir unverzeihlich) und zu einem klaren Blick auf unsere Wünsche und Illusionen. Das sind meine Gründe, wenigstens die, die mich am meisten bewegen oder überzeugen. Selbstverständlich habe ich nicht die Absicht, sie jemandem aufzuzwingen. Ich möchte nur das Recht in Anspruch nehmen, sie öffentlich auszusprechen und sie, wie es sich gehört, zur Diskussion zu stellen.

Was ist Fanatismus? Den eigenen Glauben für Wissen zu halten oder ihn mit Gewalt durchsetzen zu wollen (beides läuft meist parallel: Dogmatismus und Terrorismus fachen sich gegenseitig an). Das ist ein doppelter Verstoß: gegen die Intelligenz und gegen die Freiheit. Dem es doppelt zu widerstehen gilt: durch Demokratie und durch Denken. Gewissensfreiheit ist ein Menschenrecht, darauf hat unser Geist Anspruch.

Religionsfreiheit ist ein Recht. Freiheit von Religion auch. Man muss beide schützen (auch voreinander, wenn nötig), indem man sie daran hindert, sich mit Gewalt durchzusetzen. Das nennt man Laizismus. Der Laizismus ist das kostbarste Erbe der Aufklärung. Heute ist er offensichtlich gefährdet. Ein Grund mehr, ihn gegen jeglichen Fundamentalismus zu verteidigen und unseren Kindern weiterzugeben.

Die Freiheit des Geistes ist vielleicht das einzige Gut, das wertvoller ist als der Friede. Denn ohne sie ist der Friede nur Knechtschaft.

III

Welche Spiritualität für Atheisten?

Wenden wir uns nun zum Abschluss dem Wichtigsten zu, das meiner Meinung nach nicht Gott ist, auch nicht Religion oder Atheismus, sondern das spirituelle Leben. Manche werden vielleicht verwundert fragen: »Sie als Atheist interessieren sich für das spirituelle Leben?« Aber sicher. Dass ich nicht an Gott glaube, heißt ja nicht, dass ich keinen Geist habe, und erspart es mir auch nicht, ihn zu benutzen!

Auf Religion kann man verzichten, wie ich im ersten Kapitel gezeigt habe, aber nicht auf Kommunion, Bekenntnis, Liebe. Ebenso wenig kann man auf Spiritualität verzichten. Wozu man sie braucht? Nur weil ich Atheist bin, will ich doch meine Seele nicht kastrieren! Geist ist eine zu bedeutsame Sache, als dass man sie den Priestern, Mullahs oder Spiritualisten überlassen dürfte. Er ist der höchste Teil des Menschen oder besser: seine höchste Funktion, die uns anders, mehr und besser macht als die Tiere, die wir ja auch sind. Der Mensch, meinte Schopenhauer, sei ein metaphysisches Tier, also auch, würde ich hinzufügen, ein spirituelles. Das ist unsere Art, das Universum oder das Absolute zu beherrschen, die wiederum uns beherrschen. Was könnten wir Besseres, Interessanteres, Höheres erleben? Nicht an Gott zu glauben ist kein Grund, sich eines Teils seiner Menschlichkeit zu berauben – und vor allem nicht dieses

Teils! Keine Religion zu haben ist kein Grund, auf spirituelles Leben zu verzichten.

Spiritualität ohne Gott?

Was ist Spiritualität? Das Leben des Geistes. Und was ist Geist? »Ein denkendes Ding«, antwortet Descartes, also »ein Ding, das zweifelt, einsieht, bejaht, verneint, begehrt, verabscheut, auch vorstellt und wahrnimmt.« Ich möchte hinzufügen: das liebt, nicht liebt, betrachtet, sich erinnert, spottet oder scherzt... Egal, ob dieses »Ding« das Gehirn ist, wie ich meine, oder eine immaterielle Substanz, wie Descartes glaubte. Wir denken deshalb nicht weniger. Wir wollen deshalb nicht weniger. Wir phantasieren deshalb nicht weniger. Was ist Geist? Die Potenz des Denkens, insofern sie Zugang zum Wahren, zum Universellen und zum Lachen hat. Es ist wahrscheinlich, dass diese Fähigkeit, diese *Potenz,* ohne das Gehirn zu nichts fähig wäre, also nicht existierte. Und ohne diese Potenz wäre das Gehirn nur ein Organ wie alle anderen.

Der Geist ist keine Substanz; er ist eine Funktion, eine Potenz, ein Akt (ein Akt des Denkens, Wollens, Vorstellens, Scherzens usw.), und dieser Akt zumindest ist unbestreitbar – weil jedes Bestreiten ihn bereits voraussetzt. »Der Geist ist keine Hypothese«, sagte Alain. Weil es, außer für und durch den Geist, keine Hypothese gibt.

Aber lassen wir die Metaphysik. Im Zusammenhang mit der Spiritualität macht eher die Ausdehnung des Begriffs »Geist« Probleme. Versteht man ihn in diesem weiten Sinn, umfasst die Spiritualität alles oder fast alles, was das menschliche Leben ausmacht: »Spirituell« wäre dann fast ein Synonym von »mental« oder »psychisch«. Diese Bedeutung ist auf dem Gebiet, das uns interessiert, kaum noch in Gebrauch. Heute wird mit »Spiritualität« meist ein viel enger umgrenzter Bereich unseres Innenlebens bezeichnet – auch wenn er möglicherweise zum Unbegrenzten hin offen ist: jener Bereich nämlich, der mit dem Absoluten, dem Unendlichen, der Ewigkeit in Beziehung steht. Eine Art höchste Spitze des Geistes und zugleich dessen größte Amplitude.

Wir sind endliche, für das Unendliche offene Wesen, habe ich im zweiten Kapitel geschrieben. Und vergängliche, für die Ewigkeit offene, sowie relative, für das Absolute offene Wesen, möchte ich hier hinzufügen. Dieses Offene – das ist der Geist. Die Metaphysik beschäftigt sich damit, es zu erfassen; Spiritualität besteht darin, es zu erfahren, zu praktizieren, zu leben.

Das unterscheidet die Spiritualität von der Religion, deren Verwechslung nur auf der Ausweitung der Begriffe oder deren missbräuchlicher Verwendung beruhen kann. Religion ist eine Form der Spiritualität. Sie verhält sich zu ihr wie der Teil zum Ganzen, wie die Gattung zur Art. Jede Religion beruht zumindest teilweise auf Spiritualität; aber nicht jede Spiritualität ist notwendig religiös. Ob Sie an Gott glauben oder nicht, an das Übernatürliche oder an das Heilige – Sie sind in jedem Fall mit dem Unendlichen, der

Ewigkeit, dem Absoluten und mit sich selbst konfrontiert. Die Natur reicht dafür aus. Die Wahrheit reicht dafür aus. Unsere vergängliche und relative Endlichkeit reicht dafür aus. Sonst könnten wir uns nicht relativ, vergänglich und endlich denken.

Atheist sein heißt nicht, die Existenz des Absoluten zu verneinen, sondern nur dessen Transzendenz, Spiritualität, Personalität, also zu verneinen, dass dieses Absolute Gott sei. Aber dass etwas nicht Gott ist, heißt nicht, dass es nichts ist! Was wären wir sonst, was wäre die Welt? Wenn man unter dem Absoluten etwas versteht, das von jeder Bedingung, jeder Relation und jedem Gesichtspunkt unabhängig existiert (was die übliche Bedeutung des Wortes ist) – etwa die Gesamtheit aller Bedingungen (die Natur), die Gesamtheit aller Relationen (das Universum) oder die Gesamtheit aller möglichen und wirklichen Gesichtspunkte (die Wahrheit) –, wie sollte man dessen Existenz verneinen können? Die Gesamtheit aller Bedingungen ist notwendig unbedingt, die Gesamtheit aller Relationen notwendig absolut, die Gesamtheit aller Gesichtspunkte notwendig allumfassend.

Das kann man Naturalismus nennen, Immanentismus oder Materialismus. Diese drei metaphysischen Positionen, obwohl nicht immer identisch, stimmen, was unser Thema betrifft, wenigstens negativ in einem entscheidenden Punkt überein: in der Ablehnung alles Übernatürlichen, jeder Transzendenz, jedes immateriellen Geistes (also auch jedes Schöpfergotts). Alle drei Positionen überzeugen mich. Die Natur ist für mich die Gesamtheit des Wirklichen (Übernatürliches gibt es nicht), und sie existiert unabhängig vom

Geist (den sie hervorbringt und nicht umgekehrt). Daraus ergibt sich, dass alles dem großen Ganzen immanent ist (sofern dieses große Ganze die Gesamtheit dessen bezeichnet, das ist oder wird: Epikurs *to pan,* die *summa summarum* des Lukrez, Spinozas *Natur*) und es nichts anderes gibt. Dass dieses große Ganze einzig ist, gehört zu seiner Definition (gäbe es mehrere, wäre es deren Summe). Es ist ohne Schöpfer (jeder Schöpfer wäre ein Teil des großen Ganzen, er könnte dieses nicht selbst erschaffen), ohne Außen, ohne Ausnahme, ohne Zweckbestimmtheit. Man kann es das Wirkliche nennen – die Gesamtheit aller Wesen und Ereignisse –, allerdings nur unter Einschluss der Potenz, zu sein und zu handeln, die es erst ermöglicht (die Gesamtheit der Ursachen, nicht nur die Gesamtheit der Wirkungen). *Physis,* sagten die Griechen, eher als *Kosmos.* Natur eher als Welt. Werden eher als Ordnung. Es ist weniger die Natur Spinozas als die des Lukrez: frei, weil sie von nichts ihr Äußerlichem beherrscht ist (nicht weil sie sich bewusst selbst lenkte), schöpferisch, aber selbst nicht erschaffen, zufällig und notwendig, ohne Denken, ohne Bewusstsein, ohne Willen – »ohne Subjekt noch Zweck«. Jede Ordnung setzt sie voraus; keine enthält oder erklärt sie. *Natura sive omnia* – Natur, also alles.

Das schließt die Spiritualität keineswegs aus, sondern weist ihr ihren Platz zu, der sicher nicht der erste in der Welt ist, aber zumindest aus einer bestimmten Sicht der höchste im Menschen.

Dass die Natur vor dem Geist existiert, der sie denkt, davon bin ich überzeugt. Und da führt der Naturalismus zum Materialismus. Aber der Geist existiert deshalb nicht weniger, besser gesagt, das allein erlaubt ihm zu existieren. Der Materialist in der philosophischen Bedeutung des Begriffs verneint die ontologische Unabhängigkeit des Geistes, leugnet aber nicht dessen Existenz (sonst wäre der Materialismus selbst undenkbar). Der Geist ist bloß nicht der Ursprung der Natur. Er ist ihr spannendstes, spektakulärstes, verheißungsvollstes Ergebnis – weil es nur für ihn Spannung, Spektakel und Verheißungen gibt. Von ihm leitet sich die Spiritualität ab, die nichts anderes ist als das Leben, wie es in der Heiligen Schrift steht, »im Geist und in der Wahrheit«. Was für eine bedeutende, kostbare, abenteuerliche Herausforderung! Dass jeder Geist leiblich ist, ist kein Grund, ihn nicht zu gebrauchen oder ausschließlich niederen Tätigkeiten zu widmen! Ein Gehirn kann man für ganz andere Dinge benutzen als dafür, Straßenkarten zu entziffern oder eine Bestellung im Internet aufzugeben.

Sie stört das Wort »absolut«? Das kann ich verstehen, auch ich habe es lange vermieden. Nur zu, wenn Sie ein anderes vorziehen! Das Sein? Die Natur? Das Werden? Jeder ist Herr seines Vokabulars, und ich kenne keines, das keine Mängel hat. Entscheidend ist, dass das große Ganze per definitionem kein Anderes hat. Wovon könnte es abhängen? Wozu relativ sein? Von welchem Gesichtspunkt aus gesehen werden? Und was von nichts anderem als von sich selbst abhängt, was von jeder Relation, jeder Bedingung, jedem Gesichtspunkt unabhängig existiert, nennt man eben traditionell das Absolute oder Unbedingte. Dass wir dazu höchstens einen relativen Zugang haben, ändert nichts daran, dass es uns enthält. Dass, wie ich meine, innerhalb des großen Ganzen alles relativ und bedingt ist, bedeutet nicht, dass auch das große Ganze selbst es ist – wenn es wirklich das große Ganze ist, schließt es das sogar aus. Die Gesamtheit aller Relationen, aller Bedingungen und Gesichtspunkte ist notwendig absolut, unbedingt und unsichtbar. Wenn nichts ohne das große Ganze existieren kann, wie könnte es selbst dann nicht existieren? Ich nenne das spaßeshalber gern den *panontologischen Beweis:* Alles, was existiert, existiert notwendig.

Von einer Spiritualität ohne Gott zu sprechen ist daher keineswegs ein Widerspruch. Im Okzident überrascht das manchmal. Da jahrhundertelang die einzig gesellschaftlich relevante Spiritualität in unseren Ländern die Religion (das Christentum) war, galten »Religion« und »Spiritualität« schließlich als gleichbedeutend. Aber das stimmt nicht! Betrachtet man das alles mit ein wenig Abstand, zeitlich (besonders aus der Sicht der griechischen Philosophie) wie räumlich (aus der Sicht des buddhistischen oder taoistischen Orients beispielsweise), dann entdeckt man, dass es riesige Bereiche der Spiritualität gab und gibt, die keineswegs Religionen waren oder sind, weder im westlichen Sinn des Wortes (als Glaube an einen oder mehrere Götter) noch im allgemeineren Sinn (als Glaube an das Heilige oder das Übernatürliche). Wenn alles immanent ist, ist der Geist es auch. Wenn alles natürlich ist, ist die Spiritualität es auch. Das spricht mitnichten gegen das spirituelle Leben, sondern macht es überhaupt erst möglich. Wir sind auf der Welt und von dieser Welt: Der Geist ist Teil der Natur.

Mystik und Mysterium

Welche Spiritualität für Atheisten? Wenn ich die drei theologalen Tugenden noch einmal überdenke, möchte ich antworten: eine Spiritualität des Bekennens statt des Glaubens, des Handelns statt des Hoffens (ja, Handeln kann ein spirituelles Exerzitium sein, etwa die Arbeit in Klöstern oder die Kampfkunst im Orient), und dann natürlich der Liebe statt der Furcht oder Unterwerfung. Es geht weniger ums Glauben als ums Kommunizieren und Übermitteln, weniger ums Hoffen als ums Tun, weniger ums Gehorchen als ums Lieben. Doch was Gegenstand des ersten Kapitels war, hat mit Spiritualität nur in einem sehr weiten Sinne des Wortes zu tun: Spiritualität ist so gesehen beinahe gleichbedeutend mit Ethik oder Weisheit und betrifft weniger unsere Beziehung zum Absoluten, zum Unendlichen oder zur Ewigkeit als unsere Beziehung zum Menschlichen, zum Endlichen und zur Zeit. Wenn ich jetzt das Wort Spiritualität im strengen Sinne nehme, muss man weiter gehen oder höher: Ihre höchsten Spitzen reichen in die Mystik hinein.

Auch diesen Begriff konnte ich lange nicht akzeptieren, er erschien mir zu religiös und zu irrational, um nicht suspekt zu sein. Aber es blieb mir nichts anderes übrig – Mystik war das einzig passende Wort. Die mehrfache Lektüre von Wittgensteins *Tractatus logico-philosophicus* half mir dabei, mich damit anzufreunden. Da ist etwa zu lesen: »Es gibt allerdings Unaussprechliches. Dies *zeigt* sich, es ist das Mystische.« Das hat mir die Mystiker nähergebracht und Spinoza verständlicher gemacht. Und mir vor allem meine eigene Erfahrung in einem ganz neuen Licht erscheinen lassen.

Davor sprach ich, wie Martial Gueroult über Spinoza, von einem »Mystizismus ohne Mysterium« – eine letzte Scheu, die ich schließlich aufgeben musste. Nicht nur, wie man vermuten könnte, aus etymologischen Gründen. In der »Mystik« steckt natürlich das »Mysterium«. Aber das sind bloß Wörter, und Wörter beweisen nichts. Das Mysterium ist in der Welt am größten: im Geist, wenn er etwas in Frage stellt oder sich über das Alltägliche erhebt. Welches Mysterium? Das Mysterium des Seins, das Mysterium des großen Ganzen. Auch hier findet Wittgenstein wieder die richtigen Worte: »Nicht wie die Welt ist, ist das Mystische, sondern dass sie ist.« Es ist immer noch dieselbe Frage nach dem Sein (»Warum gibt es etwas und nicht nichts?«), nur dass es keine Frage mehr ist. Eine Antwort vielleicht? Auch nicht. Aber eine Erfahrung, eine Empfindung, ein Schweigen. Sagen wir, in der Mystik entspricht die Erfahrung dem, was diese Frage in der Metaphysik meint. Die Erfahrung des Seins hinter der Banalität der Seienden (wie ein Heideggerianer es ausdrücken würde). Die Erfahrung des Mysteriums hinter der vorgetäuschten Transparenz der Erklärungen.

Meist gehen wir einfach daran vorbei; wir sind Gefangene falscher Selbstverständlichkeiten des allgemeinen Bewusstseins, Gefangene des Alltäglichen, der Wiederholung, des schon Gewussten, schon Gedachten, der vorgeblichen oder erwiesenen Vertrautheit mit allem, kurz, der Ideologie oder der Gewohnheit... »Entzauberung der Welt«, davon wird oft gesprochen. Weil viele vergessen haben, sie zu betrachten, oder sie durch einen Diskurs ersetzt haben. Und plötzlich, über den Umweg einer Meditation oder eines Spaziergangs, diese Überraschung, dieses Staunen, diese blendende Gewissheit: Es gibt etwas und nicht nichts! Und dieses Etwas ist ohne Warum, wie die Rose des Angelus Silesius (»Die Ros' ist ohn warumb / sie blühet weil sie blühet / Sie achtt nicht jhrer selbst / fragt nicht ob man sie sihet«), weil jedes Warum es schon voraussetzt. *Causa sui,* sagen die Philosophen, es ist die Ursache seiner selbst. Damit benennt man das Mysterium, ohne es zu lösen. Schweigen angesichts des Wirklichen klingt richtiger. Schweigende Empfindung. Schweigende Aufmerksamkeit. (Simone Weil: »Die absolut reine Aufmerksamkeit ist Gebet«; aber sie wendet sich an niemanden und verlangt nichts). Schweigende Betrachtung. Schweigende Wirklichkeit. Das ist der Geist der Haikus: »Wortlos sind sie, Gastgeber, Gast und die weiße Chrysantheme.« Das ist der Geist der Zenmeister (die »schweigende Meditation ohne Objekt«). Nur noch Bewusstsein – nur noch Wahrheit. »Meditation ist das Schweigen des Denkens«, sagte Krishnamurti. So befreie man sich vom Gewussten, um zum Wirklichen zu gelangen.

All unsere Erklärungen sind Worte – das ist der Bereich der Wissenschaft und der Philosophie. Nicht dass wir darauf verzichten sollten! Hätte ich sonst ein Buch geschrieben? Aber wir sollen auch das Schweigen nicht vergessen, das hinter all unseren Erklärungen steckt, das sie enthält und das sie nicht enthalten. Das Schweigen des Unerklärlichen, des (höchstens indirekt auszudrückenden) Unaussprechlichen, des Unersetzlichen. Das, von dem all unsere Diskurse sprechen, ohne es je zu sein. Nicht das Wort, sondern das Schweigen. Nicht der Sinn, sondern das Sein. Das ist das Reich der Spiritualität oder der Mystik außerhalb der Religion. Das Sein ist das Mysterium, nicht etwa, weil es verborgen wäre oder selbst etwas verbirgt, sondern, weil Evidenz und Mysterium ein und dasselbe sind – weil das Mysterium das Sein selbst ist.

Immansität

Wir sind mittendrin – im Sein, im Mysterium. Spiritualität der Immanenz: Alles ist da, und das nennt man Universum.

Ist es endlich? Ist es unendlich? Wir wissen es nicht. Wir können es nicht wissen. Die Frage bleibt auch für die Physiker offen. Wie sollten sie auch eine endgültige Antwort finden, wenn sie nicht wissen, ob das Universum das große Ganze ist (ob das, was sie erforschen, das einzige Universum ist oder ob es noch andere oder unendlich viele gibt; und ob das große Ganze, das sie manchmal Multiversum nennen, womöglich deren Summe ist). Die Metaphysiker streiten schon seit Jahrhunderten darüber. Das ist, wie Kant zeigt, eine der unlösbaren Antinomien, in denen die Vernunft sich zwangweise verstrickt, wenn sie behauptet, das Absolute zu kennen. Die Wissenschaften und das Universum bestehen trotzdem weiter.

Aus spiritueller Sicht ist es nicht so wichtig, diese Fragen zu beantworten, nur haben wir manchmal Probleme damit, dass uns das nicht gelingt. Die Spiritualität beruht mehr auf Erfahrung als auf dem Denken (das unterscheidet sie von der Metaphysik). Nun haben wir zwar eine *Idee* des Unendlichen, aber keine Erfahrung. Unsere Erfahrung des Unbekannten (das Wissen um das, was wir nicht wissen, das, was ich Mysterium nenne) ist Teil der Spiritualität. Aber wir machen auch die Erfahrung – und zwar zuallererst und vor allem – der Unermesslichkeit und der Immanenz – was ich nach dem Vorbild des Dichters Jules Laforgue Immansität (= Immanenz + Immensität) nennen möchte. Wir sind in dem großen Ganzen, und das geht, endlich oder nicht, in jeder Hinsicht über uns hinaus: Seine Grenzen, wenn es überhaupt welche hat, sind für uns definitiv unerreichbar. Es umgibt uns. Es enthält uns. Es überschreitet uns. Ist das nicht Transzendenz? Nein, weil wir darin sind. Aber es ist eine unerschöpfliche, undefinierte Immanenz mit zugleich unbestimmten und unerreichbaren Grenzen. Wir sind darin – das Unermessliche trägt uns; wir leben, wie ein Lied von Marc Wetzel sagt, im »Allfernen«.

Das kann jeder spüren, der nachts zu den Sternen hochsieht. Dazu braucht man bloß ein wenig Aufmerksamkeit und Stille. Man muss nur in einer klaren Nacht auf dem Lande die Lichter löschen, den Blick heben und sich die Zeit nehmen, zu betrachten, zu schauen, zu schweigen … Die Dunkelheit, die uns vom Nächsten trennt, öffnet uns für das Fernste. Man sieht keine hundert Schritt weit, überblickt aber mit bloßem Auge Milliarden von Kilometern. Dieser weiße, opalisierende Streifen – die Milchstraße, unsere Galaxie, die, zu der wir gehören, ein paar hundert Milliarden Sterne, dessen nächster, unsere Sonne ausgenommen, dreißigtausend Milliarden Kilometer entfernt ist … Dieser strahlende Punkt – Sirius, acht Lichtjahre, das heißt achtzigtausend Milliarden Kilometer entfernt. Der kaum wahrnehmbare leuchtende Fleck da hinten neben dem Pegasusquadrat – der Andromedanebel, eine andere Galaxie (von denen es Milliarden gibt, deren jede wieder aus Milliarden von Sternen besteht), zweihundert Millionen Lichtjahre von uns entfernt, das sind um die zwanzig Milliarden Milliarden Kilometer! Nachts verändert sich der Maßstab. Wenn die Sonne scheint, leben wir in einer Art Gefängnis aus Licht, das die Welt ist, unsere Welt. Die Dunkelheit öffnet uns bei klarem Wetter für das Licht des Himmels – des Universums. Ich erahne kaum den Boden unter meinen Füßen, kann aber besser als bei Tageslicht das Unerreichbare erkennen, das mich enthält.

Eine banale, vertraute Erfahrung? Ja, aber wenn man bereit ist, einzutauchen, sich hinzugeben, sich zu verlieren, ist es die umwerfendste Erfahrung, die es gibt. Die Welt ist unser Ort; der Himmel unser Horizont; die Ewigkeit unser Alltag. Das erschüttert mich mehr als die Bibel oder der Koran. Das verblüfft mich mehr als die Wunder, wenn ich denn an sie glauben würde. Übers Wasser zu gehen – was für eine Lappalie angesichts des Universums!

Auch die Gläubigen bleiben von diesem Schauspiel nicht unberührt. Pascal fand mit dem ihm eigenen Genie, der ihm eigenen Sensibilität einen angemessenen Ausdruck dafür:

»Wenn ich die kurze Dauer meines Lebens betrachte, das von der vorhergehenden und der darauffolgenden Ewigkeit aufgesogen wird [...], und den kleinen Raum, den ich ausfülle und den ich noch dazu von der unendlichen Unermesslichkeit der Räume verschlungen sehe, die ich nicht kenne und die mich nicht kennen, so gerate ich in Schrecken und erstaune, mich eher hier als dort zu sehen, denn es gibt keinen Grund, warum es eher hier als dort ist, warum jetzt und nicht vielmehr früher. Wer hat mich dorthin gebracht? Durch wessen Gebot und Führung sind dieser Ort und diese Zeit mir bestimmt worden?«

Übergehen wir das Adjektiv »unendlich« in diesem Fragment, da dies sowohl unser Wissen als auch unsere Erfahrung übersteigt. Die gelebte Erfahrung der Immanenz und der Immensität bleibt dieselbe (da das Unendliche als solches nicht Gegenstand der Erfahrung sein kann), und diese Erfahrung geht ins Spirituelle. Das Universum ist da, umhüllt und übersteigt uns: Es ist alles, und wir sind fast nichts. Pascal sieht darin einen Grund des Schreckens. Ich sehe darin eher einen Ozean des Friedens, wenigstens wenn es mir gelingt, mehr zu fühlen, als zu denken (»Wer denkt, erkennt nicht; wer erkennt, denkt nicht«, sagen die Zen-Meister). Wir sind im Universum; wir sind Teil des großen Ganzen oder der Natur. Und indem wir diese Unermesslichkeit betrachten, die uns enthält, werden wir uns aufgrund der Differenz am ehesten unserer eigenen Winzigkeit bewusst. Eine narzisstische Kränkung? Mag sein. Aber die Seele wird davon größer – weil das Ego, endlich auf seinen Platz verwiesen, nicht mehr den ganzen Raum einnimmt.

Das Argument hat Tradition; aber es ist auch weniger ein Argument als eine Erfahrung: die Erfahrung der Unermesslichkeit der Natur, also auch unserer eigenen Kleinheit. Marc Aurel, der sich auf Platon berief, nutzte es, um die Todesangst in Schach zu halten:

»Glaubst du, dass ein Mensch mit Seelengröße, dem es gegeben ist, alle Zeiten und alle Wesen zu betrachten, das menschliche Leben als etwas Großes ansehen könnte?«

»Unmöglich.«

»Also würde er im Tod nichts Schreckliches sehen.«

Das ist weit mehr als ein tröstlicher Gedanke. Marc Aurel will uns weniger beruhigen als uns helfen zu wachsen, weniger trösten als uns befreien. Das Ich ist ein Gefängnis. Sich der eigenen Kleinheit bewusst zu werden (was bei Marc Aurel das Wesen der Seelengröße ist), heißt schon, sie hinter sich zu lassen. Und genau darin ist die Erfahrung der unermesslichen Natur eine spirituelle Erfahrung – weil sie dem Geist dabei hilft, sich wenigstens teilweise aus der kleinen Zelle des Ichs zu befreien.

Schrecken – das ist ein Wort Pascals. Diese Sensibilität äußert sich auch in einem anderen Fragment seiner *Gedanken,* dem vielleicht berühmtesten, zweifellos einem der schönsten, sicher einem der kürzesten: »Das ewige Schweigen dieser unendlichen Räume erschreckt mich.« Spricht Pascal hier für sich, ist es eine Beichte, zittert er im Dunkel? Oder lässt er da einen Freigeist sprechen, den er vermittels der Religion beruhigen will? Das wurde von den Kommentatoren ausführlich diskutiert. Man weiß es nicht. Doch die beiden Hypothesen sind keineswegs unvereinbar. Es gibt einen Bekehrer in Pascal, das ist seine kleinliche Seite. Aber es gibt auch den Ausnahmemenschen, einen der größten, die je existierten – dank seiner Klugheit, seiner Hellsicht, seiner Durchdringung der Dinge. Und der spricht zu jedem, ob gläubig oder nicht, ein Lehrer, wenn auch eher des Denkens als des Lebens, ein Universalgenie, obwohl sein Temperament leicht zu Angst oder Taumel neigte. Man kann nicht umhin, ihn zu bewundern. Aber man ist nicht gehalten, ihm zu folgen.

Jedem sein eigener Weg. Gelassenheit ist auch nicht meine Stärke. Aber nicht das Universum erschreckt mich, nicht der Raum, das Unendliche oder scheinbar Unendliche, nicht die Ewigkeit oder das Schweigen … Im Gegenteil, mich ängstigt alles (jedenfalls kann mich alles ängstigen) außer dem großen Ganzen, das mich beruhigt. Das ist meines Erachtens eher eine Frage des Empfindens als eine der Lehre. Eher eine Frage des Maßstabs, der Distanz. Meine Ängste (und das ist nichts, womit ich mich brüsten könnte) sind fast alle egoistisch, jedenfalls egozentrisch: Ich habe nur Angst um mich und um die, die ich liebe, um mich und meine Familie. Deshalb tut mir das Ferne so wohl: Es hält die Ängste ab. Durch die Betrachtung des Unermesslichen schrumpft das Ego so sehr, dass der Egozentrismus (und mit ihm die Angst) abnimmt, weniger lastet und manchmal sogar für Momente ganz verschwindet. Welche Ruhe, wenn das Ego sich zurückzieht! Dann gibt es nur noch das große Ganze (mit dem Körper drin, wunderbarerweise, wie der Welt und sich selbst zurückgegeben); das Unermessliche des Seins, der Natur, des Universums, und keinen mehr in uns, der Angst hat oder beruhigt werden müsste, wenigstens für diesen Moment, in diesem Körper, keinen, der sich um Furcht oder Sicherheit, Angst oder Gefahr sorgen müsste… Die Griechen nannten das *ataraxia* (die Abwesenheit der Verwirrungen), die Römer übersetzten es mit *pax* (Frieden oder Gelassenheit), aber es geht hier nicht in erster Linie um ein Wort (Krishnamurti: »Das Wort ›Ruhe‹ ist nicht die Ruhe«) oder um einen Begriff; es ist eine Erfahrung, die für mich oder denjenigen, der sie macht, nur insofern Bedeutung hat, als sie als Befreiung erlebt wird.

Jedes Ego ist voller Schrecken. Das gibt Pascal recht, solange das Ego uns vom Wirklichen trennt, und unrecht, wenn das Ego sich – vorübergehend – auflöst und das Trennende verschwindet. Klare Nacht – heitere Nacht, sagte

Lukrez, lichte, sanfte Nacht. Was wiegen unsere Sorgen angesichts der Milchstraße? Davon verschwinden sie nicht (wie sollten sie auch?), werden aber erträglicher, weil weniger grausam, annehmbarer (ja, weil dem Blick und dem Handeln zugänglicher), alltäglicher, leichter … Das ewige Schweigen dieser unendlichen Räume besänftigt mich.

Das »ozeanische Gefühl«

Das ist im Grunde nichts anderes als das, was Freud (der damit einen Ausdruck Romain Rollands wiederaufnahm) das »ozeanische Gefühl« nannte, »ein Gefühl der unauflöslichen Einheit mit dem großen Ganzen und der Zugehörigkeit zum Universellen«. Wie die Welle oder der Wassertropfen im Ozean... Meist ist es in der Tat nur ein Gefühl. Manchmal aber auch eine aufwühlende Erfahrung, von amerikanischen Psychologen als *altered state of consciousness* (veränderter Bewusstseinszustand) bezeichnet. Was für eine Erfahrung? Eine Erfahrung der Einheit, wie Svāmi Prajnānpad sagt: Man fühlt sich mit allem eins.

Das »ozeanische« Gefühl an sich hat nichts Religiöses; nach dem, was ich davon erlebt habe, glaube ich eher das Gegenteil: Was braucht man noch, wenn man sich »mit allem eins« fühlt? Gott? Wozu? Das Universum genügt. Eine Kirche? Unnötig. Die Welt reicht aus. Einen Glauben? Warum? Die Erfahrung tut's auch.

Natürlich lässt sich diese Erfahrung in religiösen Begriffen ausdrücken, sofern sie, wenn man das so sagen kann, einen Gläubigen trifft. Aber das ist nicht unbedingt nötig. Michel Hulin hat in seinem schönen Buch *La Mystique sauvage* (1993) über »wilde Mystik« (so nennt er spontane mystische Erlebnisse normaler Menschen, die nicht als »Mystiker« im traditionellen Sinne gelten) mehrere Zeugnisse aufgeführt, die diesen Zustand beschreiben. Obwohl sie von sehr unterschiedlichen, gläubigen oder ungläubigen Personen stammen, gleichen sie einander. Dieselbe Plötzlichkeit, dasselbe Gefühl des »alles ist da«, dieselbe Ewigkeit in der Gegenwart, dieselbe Fülle, dieselbe Stille (»der Verstand ist abgeschaltet«, notiert Michel Hulin), dieselbe unsagbare, überschäumende Freude ... Etwa in diesem Zeugnis von Marius Favre: »Wehte das Universum mich an oder drang es in mich ein? Diese Ausdrücke haben keinen Sinn, weil die Grenzen zwischen meinem Körper und der Welt sich verflüchtigten oder eher nur Halluzinationen meiner Vernunft gewesen zu sein schienen, die in den Flammen der Klarheit dahinschmolzen... Alles war da, gegenwärtiger denn je...« Oder in dem von Richard Jefferies: »Die Ewigkeit ist da, jetzt. Und ich bin in ihr. Sie ist um mich im strahlenden Sonnenschein. Ich bin in ihr wie der Schmetterling in der lichtgesättigten Luft. Nichts ist im Kommen. Alles ist schon da. Die Ewigkeit – jetzt. Das ewige Leben – jetzt. Hier, in diesem Augenblick, neben diesem Grabhügel lebe ich es, jetzt...« Oder in dem von Margaret Montague: »Ich sah nichts Neues, aber ich sah die gewohnten Dinge in einem neuen, wunderbaren Licht, das, glaube ich, ihr wahres Licht ist. Ich sah den außergewöhnlichen Glanz, die Freude am Leben in seiner Ganzheit, die jedem Versuch der Beschreibung trotzt. Jeder Mensch, der über die Veranda ging, jeder Spatz in seinem Flug, jeder im Wind schwankende Zweig war ein integraler Bestandteil des Ganzen, wie ergriffen von dieser wahnsinnigen Ekstase der Freude, der Bedeutung, des rauschhaften Lebens. Ich sah diese allgegenwärtige Schönheit... So werde ich wenigstens einmal, mitten in meinem grauen Leben, ins Herz der Wirklichkeit geblickt haben und Zeugin der Wahrheit gewesen sein.« Kann man aus diesen Beschwörungen darauf schließen, ob deren Urheber gläubig waren oder nicht? Wohl kaum. Die Erfahrungen, von denen sie Rechenschaft ablegen, beruhen auf keiner bestimmten Religion, keinem spezifischen Glauben, sind weder Widerspruch noch Bestätigung. Das macht ihre Kraft aus – sie sind ganz nah dran an dem, was jeder erleben kann, ungeachtet seiner religiösen oder nichtreligiösen Überzeugungen.

Es gibt übrigens einen anderen Text, den Michel Hulin nicht erwähnt, der aber meiner Meinung nach in dieselbe Richtung weist und in einem eindeutig atheistischen spirituellen Klima angesiedelt ist. Es ist ein Roman, dennoch habe ich keinen Zweifel daran, dass der Autor aus Erfahrung spricht. Ich meine das schöne, ergreifende Ende des *Fremden* von Albert Camus, die Meditation eines zum Tode Verurteilten am Vorabend seiner Hinrichtung: »Wie eine Flut drang der wunderbare Friede dieses schlafenden Sommers in mich ein... Als hätte dieser große Zorn mich von allem Übel gereinigt und mir alle Hoffnung genommen, wurde ich angesichts dieser Nacht voller Zeichen und Sterne zum ersten Mal empfänglich für die zärtliche Gleichgültigkeit der Welt. Als ich empfand, wie ähnlich sie mir war, wie brüderlich, da fühlte ich, dass ich glücklich gewesen war und immer noch glücklich bin.« Diese »Hochzeit des Menschen mit der Erde«, wie Camus in *Sommer in Algier* sagt, verweist deutlich auf eine spirituelle Erfahrung, die ganz in der Immanenz erlebt wird. Es gibt nichts zu hoffen. Nichts zu glauben. Glück? Ist zu viel gesagt oder zu wenig für eine Erfahrung, die den Rahmen der üblichen Psychologie sprengt. Es ist, als gäbe es nichts mehr als die Wahrheit, die die Welt ist, und das Bewusstsein, das aber wahr ist. »Und wann bin ich denn wahrer, als wenn ich die Welt bin?«, fragt sich Camus in *Licht und Schatten.* Und fügt anstelle einer Antwort hinzu: »Ich finde Erfüllung, ehe ich noch begehrt habe. Die Ewigkeit ist da, und ich erhoffte sie erst. Nicht glücklich zu sein, wünsche ich jetzt, sondern nur, bewusst zu sein.« Das Absurde? Ist nicht mehr die Frage. Weil es keine Frage mehr gibt. Es ist nur ein Ausgangspunkt, der bei Camus zu einer Politik der Revolte und einer Ethik der Liebe führt, aber auch, und vielleicht vor allem, zu einer Mystik des Schweigens und der Immanenz.

Vergleichbare Erfahrungen werden auf allen Kontinenten gemacht, in sehr unterschiedlichen intellektuellen und spirituellen Klimata, was die Übereinstimmungen in den Berichten noch auffallender macht. Das »ozeanische Gefühl« gehört keiner Religion, keiner Philosophie, und so soll es auch sein. Es ist kein Dogma und kein Glaubensakt. Es ist eine Erfahrung.

Freud war höchst verwundert über die Aussage Romain Rollands. Er musste zugeben, dass er diesen oft als Offenbarung erlebten Zustand nie verspürt hat. Freud war bekanntlich das Gegenteil eines Mystikers. Seinem Brief an Romain Rolland vom Juli 1929 ist unzweifelhaft ein gewisses Bedauern anzumerken. Ihm seien diese Welten völlig fremd, schreibt er, und die Mystik bleibe ihm ebenso verschlossen wie die Musik. Das ist vielleicht mit ein Grund für das große Gewicht, das er der Aussage seines »verehrten Freundes« beimisst. Bleibt die psychoanalytische Deutung, wenn auch nur, um sich davon zu distanzieren. Darum geht es auf den ersten Seiten des *Unbehagens in der Kultur.* Im »ozeanischen Gefühl« sieht Freud den Ausdruck des »uneingeschränkten Narzissmus« eines »primitiven Lust-Ichs«, das beim Säugling der Spaltung zwischen dem Ich und der Außenwelt vorausgeht. Mag sein. Vielleicht wurden solche Zustände auch deshalb öfter als Liebeserleben beschrieben (im Sinne von empfangener, nicht von empfundener oder geschenkter Liebe). Selbstliebe? Mutterliebe? Intrauterine Regression? Oder, wie Freud 1938 meinte, eine dunkle Selbstwahrnehmung der Herrschaft des Es über das Ich? Alles möglich. Nichts ist sicher. Und da in dieser Hinsicht jeder nur über seine eigene Erfahrung sprechen kann, muss ich bekennen, nichts dergleichen erlebt zu haben: Das Universum erschien mir immer allem gegenüber gleichgültig, das heißt auch sich selbst gegenüber – ohne Liebe, ohne Hass, ohne Affekte. Es ist ein Glück, dass ich es lieben kann (weil es das Glück selbst ist). Aber warum sollte es mich lieben? Die Natur ist nicht unsere Mutter. Das trifft sich gut. Eine Mutter genügt für ein Menschenleben.

Das ozeanische Gefühl, wie es Romain Rolland und Freud beschreiben, ist mir dennoch nicht fremd. Diese »Empfindung der Ewigkeit, ein Gefühl wie von etwas Unbegrenztem, Schrankenlosem«, wie Freud sagt, dieser Eindruck höchster Sicherheit, selbst angesichts der Gefahr (die Gewissheit, dass »man nicht aus der Welt fallen kann«), dieses Gefühl, eins mit dem Ganzen zu sein, das habe ich erlebt, wie viele von uns, und ich habe seither nichts Stärkeres, nichts Köstlicheres, nichts Aufwühlenderes, nichts Beruhigenderes erlebt. Ist es eine Ekstase? Ich würde dieses

Wort nicht benutzen, weil es kein Außen mehr gibt, in das man geraten könnte. Eher eine Enstase, die Erfahrung einer Innerlichkeit (die mich enthält und die ich nicht enthalte), einer Immanenz, einer Einheit, einer Versenkung, eines Darin. Eine Vision? Nicht in dem Sinn jedenfalls, wie man das Wort gemeinhin versteht. Ich habe nie etwas Schlichteres, etwas Natürlicheres erlebt. Ein Mysterium? Zweifellos, aber untrennbar von einer Selbstverständlichkeit. Eine Offenbarung? Wenn man will. Aber ohne Botschaft oder Geheimnis.

Eine mystische Erfahrung

Das erste Mal passierte es in einem Wald im Norden Frankreichs. Ich war fünfundzwanzig oder sechsundzwanzig Jahre alt. Ich hatte meine erste Stelle als Philosophielehrer am Gymnasium einer ganz kleinen Stadt nahe der belgischen Grenze, die inmitten von Feldern an einem Kanal und in der Nähe eines Waldes lag. An diesem Abend spazierte ich, wie so oft, nach dem Essen mit ein paar Freunden durch den von uns allen geliebten Wald. Es war dunkel. Das Lachen verstummte nach und nach, auch die Gespräche versiegten. Es blieben Freundschaft, Vertrauen, die geteilte Gegenwart, der Friede dieser Nacht und des Ganzen... Ich dachte an nichts. Ich schaute. Ich lauschte. Das schwarze Unterholz rundherum. Die verblüffende Leuchtkraft des Himmels. Das geräuschvolle Schweigen des Waldes: das Knacken der Äste, die Laute der Tiere, das dumpfere Geräusch unserer Schritte ... Das alles machte die Stille nur noch hörbarer. Und plötzlich ... Was? Nichts. Alles! Kein Diskurs. Kein Sinn. Keine Fragen. Nur ein Erstaunen. Eine Gewissheit. Ein Glück, das unendlich zu sein schien. Ein Frieden, der ewig zu sein schien. Der Sternenhimmel über mir, unermesslich, unergründlich, strahlend, und in mir nur dieser Himmel, dessen Teil ich war, in mir nur das Schweigen, das Licht, wie ein Beben des Glücks, wie eine Freude ohne Subjekt (außer ihr selbst) und ohne Objekt (es war einfach alles), nichts anderes war in mir, in dieser dunklen Nacht, als die leuchtende Gegenwart des Ganzen. Friede. Unermesslicher Friede. Einfachheit. Gelassenheit. Heiterkeit. Die beiden letzten Wörter scheinen einander zu widersprechen, aber es waren nicht Wörter, um die es ging, sondern es war die Erfahrung, das Schweigen, die Harmonie. Wie ein immerwährender Orgelpunkt über dem vollkommen richtigen Akkord, der die Welt war. Ich fühlte mich wohl. Überraschend wohl! So wohl, dass ich nicht einmal mehr das Bedürfnis verspürte, mich dessen zu vergewissern, oder den Wunsch, dass das Gefühl andauern möge. Es gab keine Worte mehr, keinen Mangel, kein Warten; nur die Gegenwart der Gegenwart. Eigentlich könnte ich kaum behaupten, dass ich spazieren ging. Denn es gab nichts anderes mehr als das Spazieren, den Wald, die Sterne, die Freunde ... kein Ego, keine Trennung, keine Darstellung oder Vorstellung... nur noch die schweigende Erscheinung des Ganzen. Keine Werturteile mehr... nur noch Wirklichkeit. Keine Zeit mehr... nur noch Gegenwart. Kein Nichts mehr ... nur noch Sein. Keine Unzufriedenheit, keinen Hass, keine Furcht, keinen Zorn, keine Angst... nur noch Freude und Frieden. Keine Komödie mehr, keine Illusionen, keine Lügen... nur noch die Wahrheit, die mich enthält und die ich nicht enthalte. Das dauerte vielleicht ein paar Sekunden. Ich war zugleich aufgewühlt und mit mir selbst im Reinen, durcheinander und dennoch ruhiger denn je. Gleichmut. Freiheit. Notwendigkeit. Das Universum endlich sich selbst wiedergegeben. Endlich? Unendlich? Die Frage stellte sich nicht. Es gab keine Fragen mehr. Wie hätte es Antworten geben sollen? Es gab nur noch Selbstverständliches. Nur noch Schweigen. Nur noch die Wahrheit, aber ohne Sätze. Nur noch die Welt, aber ohne Bedeutung und Zweck. Nur noch die Immanenz, aber ohne Gegensatz. Nur noch Wirklichkeit, aber ohne anderes. Keinen Glauben, keine Hoffnung, keine Verheißung mehr. Es gab nur noch alles und die Schönheit des Ganzen, die Wahrheit des Ganzen, die Gegenwart des Ganzen. Das war genug. Viel mehr als genug! Freudige Annahme. Stärkende Seelenruhe (ja, wie ein unerschöpflicher Mut). Entspannung, aber ohne Müdigkeit. Der Tod? War nichts. Das Leben? War nur dieses Pochen des Seins in mir. Das Heil? Nur ein Wort oder vielleicht auch eben das. Vollkommenheit. Fülle. Seligkeit. Welche Freude! Welches Glück! Welche Stärke! »Das nennt Spinoza die Ewigkeit ...«, dachte ich. Und damit war sie, wie zu erwarten, vorbei oder, genauer gesagt, für mich vorbei. Die Wörter kamen wieder, das Denken, das Ego, die Trennung ... Aber es machte nichts. Das Universum war immer noch da und ich mit ihm und in ihm. Wie könnte man aus dem Ganzen fallen? Wie könnte die Ewigkeit enden? Wie könnten die Wörter das Schweigen ersticken? Ich hatte einen Augenblick der Vollendung erlebt – gerade genug, um zu wissen, was Vollendung ist. Einen Augenblick der Seligkeit – gerade genug, um zu wissen, was Seligkeit ist. Einen Augenblick der Wahrheit – gerade genug, um – und nun aus Erfahrung – zu wissen, dass sie ewig ist.

»Wir fühlen und erfahren, dass wir ewig sind«, schreibt Spinoza in seiner *Ethik* – nicht dass wir es sein *werden*, nach dem Tod, sondern dass wir es *sind*, hier und jetzt. Und so ist es: Ich habe es tatsächlich gefühlt und erfahren, und das war für mich wie eine Offenbarung, nur ohne Gott. Das war der schönste, fröhlichste, gelassenste und natürlich spirituellste Augenblick, den ich je erlebt habe. Wie lächerlich kamen mir da die Gebete meiner Kindheit und Jugend vor! Zu viele Worte. Zu viel Ego. Zu viel Narzissmus. Was ich in jener Nacht – und noch bei anderen Gelegenheiten – erlebte oder erahnte, war eher das Gegenteil: eine Wahrheit ohne Worte, ein Bewusstsein ohne Ego, ein Glück ohne Narzissmus. Intellektuell sehe ich darin keinen Beweis für was auch immer; aber ich kann auch nicht so tun, als wäre nichts gewesen.

Ich holte meine Freunde, die ein wenig vorausgegangen waren, wieder ein. Ich sagte ihnen nichts von meinem Erlebnis. Wir mussten nach Hause. Mein Leben ging wieder seinen alten Gang, besser gesagt, es ging einfach weiter. Und die Ewigkeit ging auch weiter, ohne mich ... Ich gehöre nicht zu jenen, die dauerhaft im Absoluten hausen können. Aber es hatte in mir gehaust, wenn auch nur für einen Moment. Endlich hatte ich begriffen, was das Heil ist (oder die Seligkeit oder die Ewigkeit – Wörter sind ohne Bedeutung, wenn es nicht mehr um den Diskurs geht), vielmehr, ich hatte es empfunden, gefühlt, *erfahren* und musste deshalb nicht weiter danach suchen.

Diese Erfahrung sollte sich noch ein paar Mal wiederholen, aber immer seltener (mir wurde klar, warum die großen Mystiker für gewöhnlich kinderlos waren: Kinder binden – durch zu viel Liebe oder zu viele Aufregungen, zu viele Ängste, zu viele Sorgen – und trennen uns so vom Absoluten oder hindern uns, darin zu hausen), ohne dass mir das fehlte oder mich besonders störte. Etwas in meinem

Verhältnis zur Zeit ist jedoch seither anders, es ist wie besänftigt (selbst in tiefster Angst), gereinigt, befreit... Eine gewisse Offenheit für die Gegenwart, für die Zeit, die vergeht und dauert, für die Ewigkeit des Werdens, für die andauernde Unbeständigkeit von allem ... Diese raren Erfahrungen haben mein alltägliches Leben beeinflusst, es ist nun glücklicher (an guten Tagen) oder zumindest weniger schwer. Sie haben mein Verhältnis zur Welt, zu den anderen, zu mir selbst, zur Kunst (welche Ewigkeit manchmal bei Vermeer oder Mozart!), zur Philosophie, zur Spiritualität usw. dauerhaft verändert. Ich habe mich nie für einen Mystiker gehalten, noch weniger für einen Weisen. Ich habe mehr Zeit damit verbracht, über die Ewigkeit nachzudenken – etwa für einen Kommentar zum fünften Teil von Spinozas *Ethik* –, als damit, sie zu leben. Schließlich bin ich Philosoph. Das ist im Prinzip kein dummer Beruf. Aber jetzt wusste ich zumindest, wovon ich sprach – in meinem Unterricht, bald auch in meinen Büchern –, ich wusste, was Epikur mit seinen »unsterblichen Gütern«, Spinoza mit seinem »sub specie aeternitatis« oder Wittgenstein mit seinem »ewigen Leben« meinten, wovon Lao Tse oder Nagarjuna, Krishnamurti oder Prajnānpad (die ich damals noch nicht gelesen hatte), ja, wovon fast alle Weisen in allen Ländern und allen Sprachen kündeten und dass das kein Diskurs ist, sondern ein Schweigen.

Vom Schweigen sprechen?

Man muss dennoch versuchen, etwas darüber zu sagen, trotz oder wegen Lao Tse und Wittgenstein.

»Das Tao, das sich aussprechen lässt, ist nicht das ewige Tao«, sagte Lao Tse. Wohl weil »Tao« nur ein Name ist, während das Tao (das Absolute) »namenlos« ist. Aber gerade deshalb sollte man versuchen, das, was weder ein Diskurs ist noch ein Wort, mit Worten auszudrücken – wofür auch die Existenz des *Tao-te-king* spricht.

»Wovon man nicht sprechen kann«, schrieb Wittgenstein, »darüber muss man schweigen.« Gut. Aber wovon kann man nicht sprechen? Dass ein Gegenstand schweigt, beweist nicht, dass er unsagbar ist. Ein Stein sagt nichts; dennoch lässt sich über ihn etwas Wahres sagen. Empfindungen sind stumm (*alogos,* sagte Epikur); das macht es nicht unmöglich (sondern gerade möglich), unser Sprechen darauf zu begründen. Wie sollte man sonst davon erfahren? Welches andere Zeugnis gäbe es? Obwohl die Wahrheit kein Diskurs ist, kann ein Diskurs dennoch wahr sein.

Auch wenn das Absolute unsagbar ist, muss die Erfahrung, die auf das Absolute zielt oder es berührt, noch lange nicht unaussprechlich sein. Siehe die Dichter, die Künstler, die Mystiker. Warum sollte der Philosoph nicht versuchen, es ihnen nachzutun? Vielmehr, wie könnte er darauf verzichten? Die gesamte menschliche Erfahrung zu bedenken, wie es ihm obliegt, heißt – wie begrenzt auch immer –, unsere Beziehung zum Absoluten zu bedenken. Das Unsagbare sagen? Vielleicht wurde nie etwas anderes gesagt. Vom Schweigen sprechen? Warum nicht? Besser jedenfalls als immer bloß vom Diskurs.

»Die Idee des Kreises ist kein Kreis«, sagte Spinoza, »der Begriff des Hundes bellt nicht.« Und der Begriff des Schweigens schweigt nicht, der Begriff des Absoluten ist nicht absolut. Was folgt daraus? Die Möglichkeit, vom Gegenstand selbst zu sprechen (dem Schweigen, dem Absoluten), natürlich begrenzt und mit Worten, statt über die Begriffe. Das ist nicht paradoxer, als über einen Hund etwas anderes verlauten zu lassen als Gebell. Wovon man schweigen kann, darüber kann man auch sprechen.

Versuchen wir es!

Wenn ich mich bemühe, rückblickend ein paar Lektionen aus dem wenigen zu ziehen, was ich erlebt habe, und aus dem, was ich bei (vorwiegend orientalischen) Mystikern und (vorwiegend westlichen) Philosophen gelesen habe, scheint mir, dass der »veränderte Bewusstseinszustand« der Mystik von Aufhebungen oder Ausschaltungen gekennzeichnet ist. Einiges wurde schon nebenbei erwähnt, aber eine knappe und nicht allzu vollständige Auflistung wäre sicher nützlich.

Mysterium und Evidenz

Erstens (wobei »erstens« nur für die notwendig sukzessive Aufzählung gilt und nicht für die Erfahrung selbst, die ganz Gleichzeitigkeit ist) ist das Vertraute, Alltägliche, die Wiederholung, das schon Gewusste, schon Gedachte, die falsche Selbstverständlichkeit des allgemeinen Bewusstseins aufgehoben oder ausgeschaltet: Es ist, als ob auf einmal alles ganz neu wäre, einzigartig, besonders, verblüffend, nicht irrational, aber unerklärlich oder unbegreiflich, wie jenseits der Vernunft (die Vernunft hat daran teil, also kann sie diese Erfahrung nicht enthalten). Das nenne ich »Mysterium«.

Zweitens (oder vielmehr gleichzeitig) sind alle Probleme, Fragen, Mutmaßungen aufgehoben oder ausgeschaltet – nicht etwa, weil sie gelöst wären, sondern, weil sie sich aufgelöst haben. Warum gibt es etwas und nicht nichts? Die Frage stellt sich nicht mehr; es gibt nur noch Antwort, wenn auch nicht darauf (weil es keine Frage mehr gibt). Es gibt nur noch Sein. Nur noch Wirklichkeit. Das nenne ich »Evidenz«. Woody Allen hat sich dem in einem Aphorismus mit Humor genähert: »Die Antwort ist Ja. Doch was könnte die Frage sein?« Es gibt keine Frage; deshalb ist die Antwort immer Ja, was keine Antwort, sondern eine Feststellung (in uns) oder eine Gegenwart (in allem) ist. Mysterium des Seins und Evidenz des Seins sind ein und dasselbe. Deshalb ist das Mysterium kein Problem und die Evidenz keine Lösung. Wittgenstein hat das trefflich formuliert: »Das Rätsel gibt es nicht. [...] Die Lösung des Problems des Lebens merkt man am Verschwinden dieses Problems.«

Mysterium und Evidenz sind ein und dasselbe, und das ist die Welt. Mysterium des Seins – Licht des Seins.

Fülle

Drittens ist der Mangel aufgehoben oder ausgeschaltet – eine vollkommen außergewöhnliche Erfahrung. Gewöhnlich laufen wir die ganze Zeit hinter irgendetwas her, das wir nicht haben, das uns fehlt, das wir gern bekommen oder besitzen würden... Das wusste auch Lukrez: »Je mehr uns der Gegenstand unserer Wünsche entwischt, desto weiter scheint er uns allem anderen überlegen; gehört er uns, wollen wir etwas anderes, und derselbe Durst des Lebens hält uns immer in Atem.« Wir sind Gefangene des Mangels, Gefangene des Nichts. Sind wir Gefangene des Begehrens? Eher des Dursts, wie Lukrez sagt, des *tanhā*, wie Buddha sagt, oder der Hoffnung, wie die Stoiker meinten (des Begehrens nach dem, was man nicht hat). Wir leben nicht, sagte Pascal nach Seneca, wir hoffen zu leben. Das Nichts hat uns fest im Griff – weil wir an ihm hängen.

Manchmal jedoch, selten, gibt es Momente der Gnade, in denen wir nichts anderes mehr begehren als das, was ist (nicht mehr hoffen, sondern lieben), oder das, was wir tun (nicht mehr hoffen, sondern wollen), wo es uns an nichts mehr fehlt, wo wir nichts mehr erhoffen oder vermissen, wo sich die Frage nach dem Besitz nicht mehr stellt (wo es nichts mehr zu haben gibt, nur noch zu sein und zu tun), das nenne ich »Fülle«. Um dahin zu gelangen, braucht man nicht stundenlang Zazen zu praktizieren (obwohl es hilfreich sein kann). Wer von uns hat noch nie einen Augenblick der Fülle erlebt? Beim Liebesakt zum Beispiel (wenn man nicht mehr der Leistung hinterherhechelt, dem anderen oder sich selbst, wenn es nur noch die pure Lust gibt, *pura voluptas,* wie Lukrez sagte, reines Begehren ohne jedweden Mangel, wenn nichts mehr fehlt, weder Orgasmus noch Liebe, und nichts mehr zählt außer dem Vermögen, sich selbst und den anderen zu genießen), beim Sport (das Wunder des zweiten Atems, wenn nichts mehr zählt außer dem Vermögen zu laufen), angesichts eines Kunstwerks (welche Fülle manchmal bei Mozart!) oder einer großartigen Landschaft (wer wollte die Alpen oder das Meer besitzen?) oder auch – viel schlichter, viel stiller – bei einem Spaziergang oder Ausflug...

Sie gehen übers Land. Sie fühlen sich wohl. Angefangen hat es als Ablenkung oder als Aufgabe – sich ein paar Stunden beschäftigen, ein paar Gramm abnehmen – dann wurde es zu etwas anderem. Ein feineres, tieferes, erhabeneres Vergnügen. Ein – inwendiges – Abenteuer. Ein – spirituelles – Erlebnis. Die paar Kilo mehr sind vergessen. Ärger oder Angst sind verflogen. Sie haben kein Ziel mehr oder es schon erreicht, sagen wir, Sie hören gar nicht mehr auf, es zu erreichen: Sie gehen. Das ist wie eine Pilgerreise in die Immanenz, die aber nirgendwohin führt oder nur eben dahin, wo Sie sind. Sie wollen nichts mehr als den Schritt, den Sie machen, in dem Moment, in dem Sie ihn machen, nichts außer dem Land, wie es in diesem Augenblick ist, mit diesem Vogel, der singt oder schreit, und dem andern, der fortfliegt, mit dieser Kraft in den Beinen, dieser Leichtigkeit im Herzen, diesem Frieden in der Seele... Und da Sie tatsächlich gerade dabei sind, diesen Schritt zu machen, da das Land so ist, wie es ist, da dieser Vogel schreit oder singt und der andere fortfliegt, da Sie eben das sind, was Sie sind (belebt, fröhlich oder gelassen), fehlt es Ihnen an nichts – das ist Fülle.

Die mystische Erfahrung geht einfach ein bisschen weiter in diese Richtung: Nicht mehr dieses oder jenes Sosein befriedigt, sondern das Sein selbst beglückt. Dann sind Sie wie durch ein Wunder befreit von der Enttäuschung, vom Mangel, vom Nichts. Dann gibt es nur noch Sein, nur noch Freude (Angst ist das Gefühl des Nichts, Freude das Gefühl des Seins). Dann herrscht nur noch die Fülle des Wirklichen. Was wollen Sie sonst noch begehren? Kein Mangel mehr. Kein Durst. Kein Sehnen. Keine Gier. Weil Sie alles haben? Nein. Weil Sie von jedem Besitz befreit sind (und dadurch die Spiritualität erreichen). Dann gibt es nur noch das Sein ohne Haben und tief in Ihnen die Freude, ein Teil davon zu sein.

Jedes Ego ist enttäuscht, immer. Wenn es keine Enttäuschung mehr gibt, gibt es kein Ego mehr.

Einfachheit

Deshalb sind Sie auch wie befreit von sich selbst: weil es keine Dualität mehr gibt zwischen Ihrem Tun und dem beobachtenden Bewusstsein, zwischen Körper und Seele, zwischen Ich *(je)* und Ich *(moi).* Weil es überhaupt kein Ich mehr gibt. Weil es kein Bewusstsein mehr gibt. Weil es kein Tun mehr gibt (nur noch den Körper in Aktion). Die innere Dualität ist ebenso aufgehoben wie die Vorstellung (im doppelten Sinne: Idee und Aufführung), wie die ganze Komödie des Ichs – und das Ego ist ausgeschaltet. Das nenne ich »Einfachheit«. Sie geben nicht mehr vor, zu sein, was Sie sind (insofern ist Einfachheit das Gegenteil der *mauvaise foi* im sartreschen Sinn des Wortes), noch etwas anderes zu sein (insofern ist Einfachheit eine Zurückweisung des Existentialismus: Versuchen Sie einmal, nicht zu sein, was Sie sind, oder zu sein, was Sie nicht sind, und zwar im Hier und Jetzt!). Dann sind Sie nichts, jedenfalls weder Wesen noch Substanz: Sie leben, Sie fühlen, Sie tun. Es gibt nur einen »Strom der Wahrnehmungen«, wie Hume sagte, nur ein Tun, ein Leben ohne anderes Subjekt als es selbst. Es gibt nur eine Erfahrung, würde Wittgenstein sagen (»Alle Erfahrung ist Welt und braucht nicht das Subjekt«). Das nennen die Buddhisten *anātman* (kein Ich, kein Selbst – nur ein Prozess ohne Subjekt und Ziel), aber ohne Verlust (obwohl das *an* in *an-ātman* eine Verneinung ist), deshalb spreche ich lieber von Einfachheit als von Nicht-Ich oder Non-Ego. Nichts ist in der Metaphysik schwieriger zu denken (siehe Spinoza, Hume, Nietzsche, Lévi-Strauss), nichts in der Spiritualität leichter zu leben – selbst wenn diese Einfachheit die Ausnahme bleibt. Es sind die Momente, in denen man sich vergisst, und nie ist das Bewusstsein so rein, so neu, so klar. Die größten Virtuosen erreichen das manchmal in Konzerten; es sind ihre Momente der Gnade, wenn es nichts mehr gibt als die Musik. Jeder von uns hat Zugang dazu – entsprechend seiner Einfachheit, seiner Könnerschaft, seiner eigenen Virtuosität in dem einen oder anderen Bereich. Einfachheit des Tuns. Einfachheit der Achtsamkeit. »Wenn du in einer Tätigkeit versunken bist«, fragt Prajnānpad, »spürst du dann ein Ego? Nein, denn es gibt keine Trennung mehr.« Weil es keine Tätigkeit mehr gibt.

Sich beim Handeln zusehen heißt falsch handeln.

Achtsam sein wollen ist falsche Achtsamkeit.

Die Einfachheit fällt Ihnen schwer? Fangen Sie mit dem Leichtesten an: sitzen, gehen, atmen... Das ist der Geist des Soto Zen: »Die Technik ist der Weg; der Weg ist die Technik.« Doch wo das hinführt, ist weder Technik noch Weg. Es ist das Leben selbst in seiner Einfachheit. Wenn man sich selbst nicht mehr zusieht, beginnt das Sehen. Wenn man nicht mehr so tut als ob, beginnt das Tun. Wenn man auf nichts mehr achtet, ist man achtsam. Was gibt es Einfacheres und zugleich Selteneres als die Einfachheit? Mit sich selbst so weit eins zu sein, dass es kein Selbst *(soi)* mehr gibt, sondern nur noch das Eine, nur noch Tun, nur noch Bewusstsein. Sie gehen spazieren? Da ist nichts anderes mehr als dieser Spaziergang. Sie lieben? Da ist nichts anderes mehr als Begehren oder Liebe. Sie meditieren? Da ist nichts anderes mehr als die Meditation. Sie tun? Da ist nichts anderes mehr als das Tun (das ist das Geheimnis der Kampfkunst, hier wird sie spirituell). Sie sind? Da ist nichts anderes mehr als das Sein.

Einheit

Keine Spaltung mehr in Ihnen. Keine Spaltung mehr zwischen Ihnen und der Welt, zwischen Innen und Außen, zwischen dem Ich und dem Ganzen. Aufhebung der Spaltung, also auch und wieder Ausschaltung des Ego: Es gibt nur noch alles und die Einheit des Ganzen. Das nannte ich weiter oben mit Freud oder Romain Rolland das »ozeanische Gefühl« (die Orientalen nennen es *advaita,* die Nicht-Zweiheit), würde es aber lieber mit Svāmi Prajnānpad die Erfahrung der Einheit nennen. Sie ist so untrennbar mit der Erfahrung der Einfachheit verbunden, dass es sogar intellektuell schwierig wird, beides voneinander zu unterscheiden. Wenn es keine innere Dualität mehr gibt, gibt es auch keine Dualität mehr mit dem Außen. Es genügt, eins zu sein mit dem eigenen Bewusstsein oder Körper (was zusammengehört – das nenne ich Einfachheit), um mit der Welt eins zu sein (das nenne ich Einheit). »In Wahrheit gibt es nur eins ohne zweites«, sagte Prajnānpad, und das ist die Wahrheit selbst.

Philosophisch, also rückblickend, fühlt man sich an den Monismus oder Pantheismus erinnert. An die Einheit der Substanz bei Spinoza. Oder die materielle Einheit der Welt bei den Materialisten. Aber es ist das Gegenteil eines Systems, das alles andere ausschließt: Es ist vielmehr ein Erleben, eine Versenkung, eine Verschmelzung, eine gelungene Einswerdung. Es geht nicht darum, Spinozist zu sein oder Materialist. Es geht darum, eins mit dem Ganzen zu sein.

Jedes Ego ist gespalten, immer. Wenn es keine Spaltung mehr gibt, gibt es auch kein Ego mehr.

»Ich bin die Welt«, sagte Krishnamurti. Und Prajnānpad, vielleicht treffender: »Swāmiji wird dir ein Geheimnis verraten. Swāmiji wusste nichts außer einem: Er ist mit allem eins.« Weisheit der Immanenz – Mystik der Einheit.

Schweigen

Diese spirituelle Erfahrung klammert auch die Sprache aus, den Diskurs, die Vernunft (den *logos,* wie die Griechen sagten, das *mana* oder *das Geistige,* wie es in östlichen Lehren heißt). Anders gibt es keine Einheit. Wir sind von allem nur durch das Denken getrennt – nur durch uns selbst. Lasst das Ego, hört auf zu denken – es bleibt das Ganze.

Sprachlosigkeit? Lähmung? Keineswegs, jedenfalls nicht im pathologischen Sinn. Denken bleibt möglich. Sprechen bleibt möglich. Sie sind nur nicht mehr nötig. Ausschaltung des inneren Monologs, Aufhebung des argumentativen oder konzeptuellen Denkens, des Sinns (also auch des Un-Sinns oder des Absurden). Es gibt nur noch das Wirkliche. Es gibt nur noch das Empfinden (das zum Wirklichen gehört). Es ist, als sähe man endlich die Dinge, wie sie sind, ohne Masken, ohne Etiketten, ohne Namen. Meist ist das nicht so: Wir sind fast immer von der Wirklichkeit getrennt, und zwar eben durch die Wörter, die uns dazu dienen, sie auszusprechen oder uns zu schützen (Deutung, Rationalisierung, Rechtfertigung). Und plötzlich, während wir meditieren, etwas empfinden oder tun – die Wahrheit selbst, ohne Sätze. *Alogos,* sagte Epikur. *Aphasia,* sagte Pyrrhon (Sprechen ist nicht ausgeschlossen, nur vorübergehend aufgehoben). Das nenne ich »Schweigen«: eine Ausschaltung nicht der Geräusche, aber der Wörter, nicht des Klangs, aber des Sinns. Das Schweigen des Meeres. Das Schweigen des Windes. Das Schweigen des Weisen, selbst wenn er spricht.

Unnötig zu betonen, dass diese Aufhebung der Vernunft (unserer Vernunft) nichts Irrationales hat, nicht mehr jedenfalls als die »dritte Art des Wissens« bei Spinoza, die dem wohl entspricht. Schweigen ist alles, was bleibt, wenn man schweigt – also alles. So bleibt die Wahrheit unangetastet. Diese Wahrheit »braucht keinerlei Zeichen«, wie Spinoza sagt, und will uns nichts sagen: Da gibt es nichts zu deuten, nur zu erkennen oder zu betrachten; das ist keine Vorstellung, sondern »das objektive Wesen der Dinge« (Spinoza); ein Buddhist würde es das einfache, schweigende *Sosein* nennen. Das, worüber man spricht (das Wirkliche), ist kein Diskurs, auch das nicht, was gesagt wird (die Wahrheit). Wir sind davon nur durch unsere Illusionen und unsere Lügen getrennt. Es genügt, zu schweigen, oder besser: zur Stille zu finden (schweigen ist leicht, zur Stille finden etwas ganz anderes), damit es nur noch die Wahrheit gibt, die jeder Diskurs voraussetzt, die alle Diskurse enthält und in keinem enthalten ist. Wahrheit des Schweigens – Schweigen der Wahrheit.

Ewigkeit

Es gibt noch Erstaunlicheres. Noch Stärkeres. Aus der Erfahrung, von der ich spreche, ergibt sich auch eine Aufhebung der Zeit oder dessen, was wir für gewöhnlich darunter verstehen. Die reale Zeit geht weiter. Die Gegenwart geht weiter. Die Dauer geht weiter. Ja, denn es gibt nichts anderes mehr. Es ist, als wären Vergangenheit und Zukunft ausgeschaltet, die »Zeitlichkeit«, wie die Phänomenologen sagen, *Äon* (die unbestimmte, nichtstoffliche Summe einer Vergangenheit, die nicht mehr ist, und einer Zukunft, die noch nicht ist, unterbrochen von einem Moment ohne Dauer) nennen es die Stoiker, was ich nach einem schönen Einfall von Jules Laforgue mit Ewignichts *(l'éternullité)* übersetzen möchte. Das erleben wir Tag für Tag: diese Ewigkeit, die nichts oder fast nichts ist, die ständige Fortsetzung eines nicht enden wollenden Nichts – das Vergehen der Zeit, das ungreifbare Verrinnen der Zukunft (die noch nicht ist) in die Vergangenheit (die nicht mehr ist). Und dazwischen? Der Moment der Gegenwart, der nicht dauert (könnte man ihm eine Dauer zuschreiben, wäre er weder Moment noch gegenwärtig; ein Teil wäre schon vergangen, der andere käme erst noch) und nichts ist. Ein Quasi-Nichts also zwischen zwei Nichtsen; wie Montaigne richtig erkannt hat, trennt uns die Zeit unaufhörlich von Sein und Ewigkeit. Und dann plötzlich keine Vergangenheit mehr! Keine Zukunft! Nur noch Gegenwart, die Gegenwart bleibt – also Ewigkeit.

Begrifflich, also rückblickend, lässt sich das erklären. Die Vergangenheit ist nicht, weil sie nicht mehr ist. Die Zukunft ist nicht, weil sie noch nicht ist. Es gibt also nur die Gegenwart, die sich unaufhörlich wandelt, aber andauert und Gegenwart bleibt. Wer hat je ein einziges Gestern erlebt? Wer hat je ein einziges Morgen erlebt? Es ist immer heute. Es ist immer jetzt. »Nur die Gegenwart existiert«, sagten zu Recht die Stoiker, also ist »die ganze Zeit Gegenwart«. Das ist nicht *Äon* (die abstrakte Zeit, die sich teilen und messen lässt, die uns vergänglich macht, weil sie vergeht), sondern *Chronos* (die konkrete Zeit: die Gegenwart der Welt, die Welt als Gegenwart), was Spinoza und Bergson Dauer nennen (das unbestimmbare, unteilbare Weitergehen des Lebens). Versuchen Sie einmal, Gegenwart zu messen oder zu teilen! Es wird Ihnen nicht gelingen. Denn sie hat keine bestimmte Dauer – sie ist, soweit sie dauert, die Dauer selbst (Spinozas *duratio*), kein Zeitabschnitt, sondern die Zeit als solche. Diese Zeit kommt nicht aus der Zukunft, die nichts ist, noch verliert sie sich in der Vergangenheit, die nicht ist. Man kann von ihr dasselbe behaupten, was Parmenides über das Sein sagte (und das ist kein Zufall): »Es war weder, noch wird es sein, weil es jetzt ist.« Nun nennt man aber eine Gegenwart, die Gegenwart bleibt, traditionell Ewigkeit *(aeternitas)* – nicht die unendlich währende Zeit, *sempiternitas,* sondern eine »gegenwärtige Ewigkeit«, wie Augustinus das »ewige Heute« Gottes nannte und dem ich das ewige Heute der Welt (das stets Gegenwärtige des Wirklichen) und der Wahrheit (das stets Gegenwärtige des Wahren) entgegensetzen möchte, die in der Gegenwart eins sind, und das ist eben die Ewigkeit.

Ja, rückblickend lässt sich das alles verstehen. Aber dann erlebt man es nicht mehr. Wenn man es erlebt, ist es kein Begriff, kein Nachdenken, kein Verstehen. Es ist eine Erfahrung. Eine Evidenz. Eine Blendung. Die Gegenwart ist da, und es gibt nichts anderes. Sie verschwindet nie – sie geht weiter. Sie hört nicht auf, sich zu verändern – das heißt, dass sie nicht aufhört. Alles ist gegenwärtig – die Gegenwart ist alles. Alles ist wahr, alles ist ewig, hier und jetzt ewig! Spinoza, dessen erstaunliche Formulierung »Wir fühlen und erfahren, dass wir ewig sind« bereits zitiert wurde, hat das erkannt. Auch Wittgenstein hat es erkannt: »Wenn wir unter Ewigkeit nicht immerwährende Zeit verstehen, sondern Zeitlosigkeit, dann gehört das ewige Leben jenen, die in der Gegenwart leben.« Kann es dann erstaunen, dass solche Menschen selbst den Tod nicht fürchten? Sie sind schon erlöst, besser gesagt, es gibt niemanden mehr zu erlösen. Es gibt nur noch die aktuelle Ewigkeit, nur noch die Ewigkeit in Aktion. Wie läppisch wirkt daneben das Paradies! Weshalb soll denn die Ewigkeit erst kommen, weshalb sollten wir sie erstreben oder erlangen, wenn wir längst in ihr angelangt sind?

Ewigkeit der Gegenwart – Gegenwart der Ewigkeit.

Gelassenheit

Da bleibt nichts zu hoffen und nichts zu fürchten. Hoffnung und Furcht sind aufgehoben, kein Warten mehr, keine Vorwegnahme, keine Sorge mehr um die Zukünftigkeit, wie Heidegger sagte. Die Sorge ist konstitutiv für das *Dasein* – das Sich-vorweg-Sein des Ego, das uns laut Heidegger dem Sein-zum-Tode weiht. Wie sollten wir nicht ängstlich sein? Das ist der Preis für das Nichts, für die Zukünftigkeit, für das Ego.

Aber wenn das Nichts nicht ist? Wenn es kein Ego gibt? Sondern nur Gegenwart? Dann bleibt die Gelassenheit, die das In-der-Gegenwart-Sein des Bewusstseins und des Ganzen ist.

Carpe diem? Das hätte mehr mit Weisheit (und einer etwas kurzen Weisheit!) zu tun als mit Spiritualität. *Carpe aeternitatem* wäre richtiger – außer dass es nichts zu pflücken gibt, sondern nur zu betrachten.

Hier klingt das berühmte Thema »Lebe in der Gegenwart!« an, wie die Stoiker sagten, wie alle Weisen sagten – nur dass das kein Slogan oder hehres Ideal ist, sondern die einfache Wahrheit des Lebens.

Versuchen Sie einmal, in der Vergangenheit oder in der Zukunft zu leben! Dann werden Sie sehen, dass das nicht geht, dass die Gegenwart der einzige Weg ist. Erinnerungen? Pläne? Träume? Sind gegenwärtig oder sind nicht.

Man kann sich für die Gegenwart nicht entscheiden (weil jede Entscheidung nur in ihr existiert), sondern nur in ihr sein.

Das hat etwas mit dem zu tun, was ich weiter oben »fröhliche Verzweiflung« nannte – nur dass nichts Verzweifeltes daran ist und das »fröhlich« ein wenig künstlich oder unbedeutend wirkt, um zu beschreiben, was man da erlebt. Es geht eher darum, zur anderen Seite der Verzweiflung überzugehen – wo beide Seiten eins sind.

Im Griechischen hieß dieser Zustand, wie schon erwähnt, *ataraxia* (Abwesenheit allen Aufruhrs), im Lateinischen *pax* (Seelenfrieden), im Französischen könnte man ihn *quiétude* (Ruhe) oder *sérénité* (Gelassenheit) nennen. Nicht zufällig gibt es in jeder Mystik den Quietismus. Siehe Fénelon oder Tschuang Tse (der Taoismus als eine »zur Mystik tendierende Weisheit«, schrieb Marcel Granet, sei »eine Art quietistischer Naturalismus«). Das hat nichts mit Faulheit oder Tatenlosigkeit zu tun und schon gar nichts mit Willensschwäche! Hoffnung und Furcht gehören zusammen (die entscheidende Formulierung Spinozas, »dass es keine Hoffnung ohne Furcht und keine Furcht ohne Hoffnung gibt«, wurde bereits zitiert), also gehört auch das Fehlen der einen zum Fehlen der anderen. Aber da ist nichts, was fehlt. Nichts zu hoffen, nichts zu fürchten – alles ist da. Anwesenheit, Achtsamkeit, Verfügbarkeit. Das alles ist in dem Zustand, den ich meine. Welcher Friede! Welch wahrhaftige Ruhe! Und wo bleibt die Verzweiflung? Es sieht vielleicht nach Verzweiflung aus, aber nur von außen oder auf dem Weg. Von innen ist es eher Nichthoffnung – der Nullpunkt von Hoffnung und Furcht. Eher Glück (Krishnamurti:

»Glücklich leben heißt hoffnungslos leben«). Spinoza gibt dem seinen wahren Namen: Seligkeit *(béatitude)*. Man hofft ja gewöhnlich nicht auf das, was man nicht hat oder was nicht ist oder was einem fehlt, man hofft fast nur auf die Zukunft – während man doch in der Gegenwart lebt. »Hoffnung ist der Hauptfeind des Menschen«, sagt Prajnānpad; die Gelassenheit ist sein Hauptsieg. Sie ist die Befreiung von der Angst, und zwar so weit, dass man in diesem Zustand, von dem ich spreche, auch keinen Mut mehr braucht.

Aber spricht das nicht gegen politisches Handeln? Nein (siehe Spinoza). Man verwehrt damit nur der Politik, sich für etwas Mystisches zu halten, und der Mystik den Anspruch auf Politik. So ist es gut. Das Vollkommene ist keine Regierung. Keine Regierung ist vollkommen. Das sei zum Ruhme des Laizismus gesagt.

Gelassenheit bedeutet nicht Untätigkeit; aber es ist ein Tun ohne Furcht, also auch ohne Hoffnung. Warum nicht? Die Hoffnung veranlasst auch nicht zum Handeln, wie ich schon im ersten Kapitel sagte, sondern der Wille. Wollen entspringt nicht der Hoffnung, sondern dem Begehren oder der Liebe. Man kommt aus dem Wirklichen nicht heraus. Man kommt aus der Gegenwart nicht heraus. Das ist der Geist der Kampfkunst. Wer den Sieg erhofft, ist schon besiegt (wenigstens von der Furcht vor der Niederlage). Nur wer nichts hofft, ist furchtlos. So jemand ist schwer zu besiegen und unmöglich zu unterwerfen. Man kann ihm den Sieg nehmen, aber nicht den Kampf.

Das Handeln gehört zum Wirklichen, das es verändert, wie die Welle zum Ozean. Es geht nicht um einen Verzicht auf das Handeln. Es geht darum, gelassen zu handeln.

So handelt man effektiver und glücklicher.

Das nenne ich das Glück der Tat, wobei das Tun selbst das Glück ist. Wer in der Gegenwart lebt und nichts versäumt, was könnte der hoffen? Wovor sich fürchten? Das Wirkliche (zu dem sein Tun gehört) genügt ihm und erfüllt ihn.

Annahme

Weil alles gut ist? Nein, weil alles ist. Das ist am schwierigsten zu denken. Was man erlebt in dieser Erfahrung, die ich zu beschreiben versuche, ist auch die Ausklammerung von Idealen oder Normen und die Aufhebung von Werturteilen wie schön oder hässlich, gut oder böse, gerecht oder ungerecht. Wittgenstein hat sich dem in seinen *Tagebüchern* vielleicht mehr als in seinem *Tractatus* genähert: »Darum ist, was geschieht, ob es durch einen Stein oder meinen Körper geschieht, weder gut noch schlecht.« Das verhindert die Freude nicht. Das verhindert das Glück nicht. Wie sagte ich? Es ist das Glück selbst – solange es da ist. Wittgenstein, immer noch in den *Tagebüchern:* »Ich bin entweder glücklich oder unglücklich, das ist alles. Man kann sagen: gut oder böse gibt es nicht.« Es gibt nichts mehr außer dem Wirklichen, das ohne Anderes ist. Welcher Norm oder Regel könnte man es unterwerfen?

Unmoral? Keineswegs. Die Moral ist ein Teil des Wirklichen: Genau das, was uns verbietet, sie als absolut anzusehen, verbietet uns auch, sie abzuschaffen. Theoretischer (für das Denken) oder kontemplativer (für die Spiritualität) Amoralismus? Ja, sicher! Spinoza hat das zu Ende gedacht: »Gut und Böse gibt es in der Natur nicht«, und darüber hinaus ist nichts. Deshalb sind Wirklichkeit und Vollkommenheit ein und dasselbe: Nicht weil alles gut wäre, wie die

Providentialisten glauben, sondern weil es weder Gut noch Böse gibt. Das ist kein Hinderungsgrund, uns eine Ethik zu geben (für uns gibt es ja Gut und Böse) oder über Moral nachzudenken (die ebenso illusorische wie notwendige Verabsolutierung der Ethik). Aber es verbietet uns, daraus eine Metaphysik oder eine Ontologie zu machen, anders gesagt, etwas, das nur in uns existiert, auf die Natur zu projizieren, unsere Urteile für Wissen zu halten, unsere Ideale für Wirklichkeit, also auch und vor allem, das Wirkliche für einen Fehler oder einen Verlust zu halten (wenn es unseren Idealen nicht entspricht). Das Böse ist nichts, erklärt Deleuze mit Bezug auf Spinoza, nicht »weil einzig das Gute ist und Sein gibt«, wie es die Theologen wollen, sondern »im Gegenteil, weil das Gute nicht mehr als das Böse ist und das Sein jenseits von Gut und Böse ist«.

Man könnte sagen, das sei ein Argument weniger gegen Gott (siehe »Das Übermaß des Bösen«). Aber für die Subjekte existiert ja das Böse, und Gott gilt auch als Subjekt... Vor allem nimmt es einem den letzten Grund zu glauben. Das Wirkliche genügt – warum es anderem unterwerfen? Alles ist vollkommen – Trost, Hoffnung und Jüngstes Gericht sind also überflüssig (nicht urteilen, sondern verstehen und besser noch sehen als verstehen). Das Wirkliche kann man annehmen oder lassen; in der Erfahrung, die ich meine, kann man nicht anders, als es anzunehmen: weil es sich selbst annimmt und uns damit von allem anderen erlöst.

Das ist es, was Nietzsche nach den Stoikern und auch ein wenig gegen sie *amor fati* nannte (die Liebe zum Schicksal, die Liebe zu dem, was ist), nicht, weil das Schicksal gut wäre (bei Nietzsche ist es das Gegenteil der Vorsehung), sondern, weil es die Gesamtheit von allem ist, was geschieht (die Welt, die Wirklichkeit), und es nichts anderes gibt. Es ist das Eine-ohne-Zweites in Nietzsches Manier, Clément Rossets Wirklichkeit ohne Doppel und Gegenmittel. Man kann es, wie gesagt, annehmen oder lassen. Der Asket lässt es. Der Weise nimmt es an.

Eine tragische Weisheit, meint Nietzsche, ein »dionysisches Jasagen zur Welt, wie sie ist, ohne Abzug, Ausnahme und Auswahl«. Teilhabe an der »Unschuld des Werdens«, am »ewigen Ja des Seins«, das die Selbstbejahung des Ganzen ist.

Weisheit der Annahme, sagt Prajnānpad. »No denial«, keine Verweigerung oder Ablehnung. »Nicht was sein sollte, sondern was ist«, keine Hoffnung oder Reue. Das ist der einzige Weg: »Es gibt keinen Ausweg außer der Annahme.« Es geht um das Ja zu allem, was ist, zu allem, was geschieht. Aber es ist das Ja der Annahme (alles ist wahr, alles ist wirklich), nicht der Zustimmung (alles ist gut). Es ist das Ja der Weisheit, nicht der Religion. Aber dieses Ja ist kein Wort, weil es weder Weisheit noch Religion mehr gibt – nur noch die ewige Notwendigkeit des Werdens, die das wahre Sein ist.

Urteilen heißt vergleichen, und das ist im normalen Leben natürlich oft nötig. Es ist das Prinzip der Moral. Es ist das Prinzip der Politik. Und es geht natürlich nicht darum, auf das eine oder das andere zu verzichten. Es ist auch das Prinzip der Kunst, wo man es auch nicht missen will. Welche Moral kommt ohne Verbote aus? Welche Politik ohne Konflikte? Welche Kunst ohne Bewertung, Kritik, Überarbeitung, Rangordnung? Im mystischen Zustand aber empfindet man etwas anderes: dass nämlich das Wirkliche sehr genau das ist, was es ist, ohne irgendeinen Fehler, dass man es mit nichts vergleichen kann (weil es alles ist), dass man darüber nicht urteilen kann (weil jedes Urteil dazugehört), dass es »vollendet« ist, wie Spinoza sagt (»Unter Realität und Vollkommenheit verstehe ich ein und dasselbe«), »jenseits von Gut und Böse«, wie Nietzsche sagt, oder »neutral«, wie Prajnānpad sagte, und das ist bestimmt der treffendste Ausdruck. Um ihn zu verstehen, braucht man etwas mehr Kontext. Ein Schüler fragt den Meister, was das berühmte »Alles ist Brahman« der Upanishaden bedeute. Es wird oft mit »Alles ist Gott« übersetzt oder mit »Alles ist das Absolute«. Der, den seine Schüler Swāmiji nennen, antwortet einfach: »Das heißt: Alles ist neutral.« Das nenne ich Relativismus, oder besser, dessen positive Kehrseite: Nur das Wirkliche ist absolut; jedes Werturteil ist relativ.

Das ist das Gegenteil einer Theodizee: Es geht nicht darum zu behaupten, dass alles besser wird in der besten aller möglichen Welten. Es geht darum zu verstehen, dass alles ist, wie es ist in der einzig wirklichen Welt, die die Welt ist.

Es ist das Gegenteil des Nihilismus. Es geht nicht um die Abschaffung der Moral (alles zu bejahen heißt auch, unsere Werturteile zu bejahen, unsere Verbote, unsere Revolten, die alle Teil des Ganzen sind), sondern um die Feststellung, dass die Moral nur menschlich ist, dass es *unsere* Moral ist, nicht die des Universums oder des Absoluten. Das Gleiche gilt für die Politik: Dass das Absolute (das weder links noch rechts ist) nichts mit Politik zu tun hat, heißt nicht, dass es sie überflüssig macht. Im Gegenteil! Weil das Universum (das alle Politik enthält) uns keine Politik nahelegt, müssen wir die Wahl treffen. Das ist sehr weit weg von der mystischen Erfahrung und bestätigt nur wieder einmal, dass Mystik nicht alles ist. Es lebe der Laizismus! Wir sollten nicht damit rechnen, dass das Absolute an unserer Stelle die Ungerechtigkeit bekämpft. Aber auch nicht damit, dass Politik die Spiritualität ersetzt.

Es ist das Gegenteil eines Ästhetizismus. Schönheit schaffen – manchmal, Schönheit lieben – immer! Die Kunst existiert, und niemand wird sich darüber beklagen. Aber es wäre falsch, daraus eine Mystik oder Religion zu machen. Das Schöne kann einen Zugang zum Absoluten gewähren; es ist aber nicht das Absolute. Spirituell gesehen, ist es nicht wichtig, ein Werk zu schaffen oder, noch weniger, sein Leben zum Kunstwerk zu machen. Tschuang-Tse hat dazu Erhellenderes zu sagen als unsere Romantiker: »Der Vollkommene ist ohne Ich, der Künstler ist ohne Werk, der Heilige macht sich keinen Namen.« Das nimmt dem Genie nichts (außer seinen Eitelkeiten, wenn er welche hat), weist ihm aber seinen Platz zu. Das Schöne und das Hässliche, das Wunderbare und das Mittelmäßige sind ebenso im Relativen gefangen wie das Gute und das Böse. Wie sollte das Ästhetische zum Absoluten führen? Gelingt das der Kunst? Manchmal, aber nur in dem Maße, in dem sie sich nicht selbst als Objekt oder Zweck begreift, wenn sie in Schweigen versinkt oder es offenbart, wenn sie – und das ist nur den Größten gegeben – zeigt, dass das Absolute keine Kunst ist und wichtiger als alle Werke. Das Schöne ist nur ein Weg. Die Arbeit ist nur ein Weg. Um wohin zu gelangen? Dorthin, wo alle Wege hinführen, zu dem, was alle

Wege enthält, das aber selbst keiner ist. Schönheit, sagt Schelling, ist »das Unendliche endlich dargestellt«. Ich würde auch sagen: das Absolute relativ dargestellt, die Ewigkeit zeitlich dargestellt... Das ist der Geist Mozarts, der seine Musik so unersetzlich und hinreißend macht: Durch seine Musik, die zu den schönsten aller Zeiten gehört (musikalisch bleiben wir im Bereich des Relativen), bringt er uns zu Gehör, dass es Kostbareres gibt als die Musik, Kostbareres als die Schönheit, das an das Schweigen, an die Ewigkeit und an den Frieden rührt (was uns den Bereich des Absoluten eröffnet, ja, uns den Weg dahin ebnet).

Das Gute und das Böse, das Schöne und das Hässliche, das Gerechte und das Ungerechte usw. gibt es nur relativ – für und durch die Menschen. Aber es gibt sie. Keine Rede davon, sie abzuschaffen oder zu verabsolutieren. Weder Nihilismus noch Ästhetizismus, weder Moralismus noch »Politizismus« (wenn man unter den letzten drei Begriffen den Willen versteht, Kunst, Moral oder Politik zum Absoluten zu erheben). Weil das Absolute anderswo ist? Im Gegenteil: weil es da ist, immer schon da, vor jedem Werk, vor jedem Urteil, vor jedem politischen Engagement, weil es ihnen vorausgeht und sie begleitet, sie trägt und mitreißt. Wie könnten Musik oder Poesie das Schweigen aufheben, wenn es sie doch umhüllt, wenn sie es doch besingen und voraussetzen? Wie könnten Politik oder Moral das Wirkliche aufheben, das sie enthält und das sie verändern? Ist eine andere Welt möglich? Gewiss (unmöglich ist einzig, dass die Welt sich nicht verändert), aber sie wäre noch immer die Welt, nicht der Traum eines Parteimitglieds oder eines Moralisten. Nur das Wirkliche, das alle Urteile enthält, ist wirklich.

Woher sollte also ein absolutes Urteil über die Wirklichkeit kommen?

Relativismus und Mystizismus gehören zusammen. Das hat Spinoza verstanden; das bestätigt Prajnānpad. Wenn jede Moral relativ ist, wie könnte das Absolute dann eine haben? Wenn das Absolute unmoralisch ist, wie sollte die Moral nicht relativ sein? Dasselbe gilt natürlich auch für das Schöne und das Gerechte. Der Fehler, der das Los unserer Moderne ist, ist die Verwechslung dieses Relativismus, der die Wahrheit von Moral, Kunst und Politik ist, mit dem Nihilismus, der deren Negation ist. Da alle Werte relativ sind (zum Subjekt, zur Geschichte, zur Gesellschaft usw.), kann man, wenn man will, auch sagen, das Absolute sei wertlos. Das sagt man aber nur, wenn man darin nicht aufgehoben ist. Denn für den, der es spürt, ist das Absolute das Gegenteil des Nichts: Es ist das Sein selbst, das uns erfüllt und erfreut (das wir lieben, sagt Spinoza: »Die Liebe ist die Fröhlichkeit in Begleitung der Vorstellung einer äußeren Ursache derselben«). Unsere Werte existieren nur in ihm. Sie existieren also. Es geht nicht um deren Verneinung, noch weniger um deren Umkehrung (das sieht Spinoza anders als Nietzsche, und es ist natürlich Spinoza, dem man folgen sollte), sondern um die Bejahung des Ganzen (einschließlich unserer – relativen – Urteile). Das nenne ich »Annahme«.

Mit Optimismus hat das nichts zu tun, schon gar nicht mit Leugnung oder Resignation. Etty Hillesum fand ein paar Tage vor der Fahrt nach Auschwitz, von der sie nicht zurückkehren sollte, die treffenden Worte:

»Manchmal bekomme ich zu hören: ›Ja, du siehst immer die gute Seite an allem.‹ Wie oberflächlich! Alles ist vollkommen gut. Und zugleich vollkommen schlecht. [...] Ich hatte nie das Gefühl, dass ich mich dazu zwingen müsste, die gute Seite an den Dingen zu sehen: Alles ist vollkommen gut, wie es ist. Jede Situation, so bedauerlich sie auch sein mag, ist ein Absolutes und vereint das Gute und das Böse in sich. Ich will einfach sagen, dass ich die Redewendung ›die gute Seite an den Dingen sehen‹ für abscheulich halte, genauso wie ›das Beste aus allem machen‹.«

Trotzdem wird sie leiden und sterben. Doch Leid und Tod können nicht zunichtemachen, was sie erlebt hat, sie nennt es »Annahme«, »Einwilligung« oder »Verständnis«, und es gleicht der Liebe.

Unabhängigkeit

Annahme und Befreiung gehören zusammen wie Freiheit und Notwendigkeit. Das ist der Geist des Stoizismus. Das ist der Geist des Spinozismus. Das ist der Geist der Psychoanalyse, sofern sie Geist hat. Es ist der Geist Prajnānpads (der zur Einführung des Freudianismus in Indien beitrug). Das Wirkliche befiehlt, weil es nichts anderes gibt. Das Denken ist das Wirkliche selbst (die Wahrheit) oder eine Illusion (die an der Wirklichkeit teilhat, also wirklich illusorisch ist). Das Denken ist alles oder nur ein Traum des Ego (das zum Ganzen gehört, also wirklich egozentrisch ist). Der Fehler ist wirklich falsch. Die Lüge? Ist wirklich gelogen. So ist alles wirklich wahr. Diese Wahrheit enthält uns; doch wir enthalten sie nicht (in uns ist bestenfalls Wissen). Das hält die Ideen auf Abstand. Doch welche Ideen, wenn es keine Worte mehr gibt? Das Schweigen führt zur Annahme, die ihrerseits zur Befreiung führt. Alle Konditionierungen sind aufgehoben, die guten Sitten, die guten Manieren, sogar die Höflichkeit. Dogmen, Regeln, Gebote, Kirchen, Parteien, Meinungen, Doktrinen, Ideologien, Gurus ausgeschaltet. Es gibt nur noch Wirklichkeit. Nur noch Wahrheit. Wie frei man sich auf einmal fühlt! »Die Wahrheit wird euch befreien«, heißt es im Johannes-Evangelium. Das erlebt man, nur dass es nicht Zukunft ist, sondern Gegenwart, kein Buch, sondern die Welt. Die Wahrheit gehorcht niemandem. Darin ist sie frei und befreiend. Und da es nichts anderes gibt als die Wahrheit, befiehlt sie auch nicht (wem sollte sie denn befehlen? und was?). Da sind wir, ohne Gott oder Herrn. Das nenne ich »Unabhängigkeit«, und das ist laut Swāmiji der wahre Name der Spiritualität.

Das hat nichts mit freiem Willen zu tun. Wenn alles wahr ist, ist alles notwendig. Wie könnte man in der Gegenwart anderes sein, als man ist, anderes wollen, als man will, anderes tun, als man tut? Der »freie Wille«, das zeigen Spinoza und Freud, ist bloß die Unkenntnis der auf uns wirkenden Ursachen, die uns daran hindert, uns ihnen zu stellen.

Mit Fatalismus hat es auch nichts zu tun. Es gibt nur die Gegenwart. Wie sollten wir also Gefangene der Vergangenheit sein, die nicht mehr ist? Wie sollte die Zukunft, die noch nicht ist, schon festgeschrieben sein? Nichts ist festgeschrieben außer in uns. Die Gegenwart des Vergangenen in uns nennt Prajnānpad mit Freud das Unbewusste: »Es gibt keine andere Knechtschaft im Leben als die des Vergangenen [sofern es in unserem Unbewussten gegenwärtig ist]. Wer frei ist von der Vergangenheit, der ist befreit. Warum? Weil nur die Vergangenheit Ursache der Zukunft ist.« So fallen Freiheit und Ewigkeit zusammen.

Nicht freier Wille noch Fatalismus: Nichts ist zufällig, nichts ist festgeschrieben. Es gibt nur die Geschichte, die individuelle wie die kollektive. Es gibt nur die Wirklichkeit in Aktion, zu der mein Tun gehört. Es geht nicht darum, anders zu sein, als man ist; es geht darum, wahrhaftig zu sein, was man ist, und die Wahrheit hat kein Ego. Darin, noch einmal, ist sie frei: weil sie universell ist (sie und nur sie allein öffnet das kleine Gefängnis des Ego).

»Was ist Vollkommenheit?«, fragt Prajnānpad. Und antwortet schlicht: »Keine Abhängigkeit.« Das heißt sich von seiner Kindheit befreien, von seinem Unbewussten, von seinen Eltern (»Frei sein«, sagt Swāmiji auch, »heißt frei sein von Vater und Mutter, sonst nichts«), von seiner Umgebung – sich von sich selbst befreien. Was bleibt? Alles. Es geht nicht darum, das Ego zu heilen, sondern davon zu genesen, nicht darum, das Ich zu erlösen, sondern sich davon zu befreien.

Jedes Ego ist abhängig, immer. Wenn es keine Abhängigkeit mehr gibt, gibt es kein Ego mehr.

Philosophieren heißt sich lösen lernen. Man wird nicht frei geboren; man wird es und hört nie damit auf. Doch in der Erfahrung, von der ich spreche, erscheint die Freiheit plötzlich verwirklicht, wie ewig verfügbar. Vielleicht, weil jeder nur ein Gefangener seiner selbst ist, seiner Gewohnheiten, seiner Enttäuschungen, seiner Rollen, seiner Widerstände, seiner geistigen Verfassung, seiner Ideologie, seiner Vergangenheit, seiner Ängste, seiner Hoffnungen, seines Urteils... Und wenn all das verschwindet, gibt es auch kein Gefängnis und keinen Gefangenen mehr. Dann gibt es nur noch die Wahrheit ohne Subjekt oder Herrn.

Das also durfte ich erleben, empfinden, ausdrücken, dass Atheismus in nichts behindert, ganz im Gegenteil, und versuche es möglichst genau zu sagen und einigermaßen zu verstehen. Ja, ich habe es manchmal, ausnahmsweise erlebt, einfach lebendig zu sein, unmittelbar im Wirklichen, es von Angesicht zu Angesicht zu sehen oder besser von innen (nicht »innerlich«, was sinnlos ist, sondern bloß durch meinen Körper vermittelt, der dazugehört und deshalb kein Vermittler sein kann), so wie es ist oder erscheint (doch diese Unterscheidung war gegenstandslos, denn die Erscheinung ist Teil des Wirklichen), eins mit ihm zu sein, ohne Dualität, ohne Problem, ohne Lösung, ohne Deutung, von Fragen und Antworten gleichermaßen befreit, so dass es mir an nichts fehlte, nicht mehr getrennt von mir und dem Ganzen, im Schweigen schweigend, im Übergang übergehend (gegenwärtig im Gegenwärtigen, wechselnd im Werden, ewig in der Ewigkeit!), es gab nichts zu fürchten, nichts zu hoffen, nur zu allem Ja zu sagen (ohne es sagen zu müssen, denn ich war dieses Ja), von nichts mehr abhängig außer vom Universum und frei, so notwendig und vollkommen frei, dass die Frage des freien Willens sich nicht mehr stellte.

Das ist mein Weg, wenigstens ein paar Etappen oder Gipfel davon, die aber dem, was andere erlebt und beschrieben haben, zu sehr gleichen, als dass sie nur von meiner kleinen Person abhängen könnten. Deshalb wage ich davon zu sprechen, obwohl es so intim ist. Und obwohl es sicher welche gibt, die darüber schmunzeln. Zusammenfassend lässt sich sagen, dass auch ich (selten, aber stark genug, um sie nicht zu vergessen) Momente des Mysteriums, der Evidenz, der Fülle, der Einfachheit, der Einheit, des Schweigens, der Ewigkeit, der Gelassenheit, der Annahme und der Unabhängigkeit gespürt und erlebt habe. Zumindest benenne und definiere ich sie so, rückblickend, weil es nicht anders geht. Aber damals waren es keine Worte, das will ich noch einmal betonen. Es war eine Erfahrung, und sie war unteilbar (die Fülle, die Einfachheit, das Schweigen, die Ewigkeit usw. – alles war nur noch eins), eine oder mehrere (aber untrennbare) Empfindungen, ein Bewusstsein, aber ohne Worte und Subjekt, es war die Wirklichkeit selbst, die ich erlebte und an der ich teilhatte; mein Leben, endlich sich selbst und allem zurückgegeben.

Ich habe nie etwas Besseres erlebt, das sagte ich schon, etwas Einfacheres, Stärkeres, Erschütternderes. Es war wie eine Freude ohne Anfang (Spinoza nennt es die Seligkeit, die als ewige höchstens einen fiktiven Anfang haben kann), wie ein Friede ohne Ende. Sterben muss ich trotzdem, aber das hatte in dem Moment keinerlei Bedeutung (Wer in der Gegenwart lebt, lebt ewig, schreibt Wittgenstein), und diese Erinnerung hilft mir heute, den Tod zu akzeptieren. Er wird mir weder die Vergangenheit noch die Zukunft nehmen, die beide nicht sind. Gegenwart und Ewigkeit (Gegenwart, also Ewigkeit) sind für ihn unerreichbar. Er wird mir nur mich selbst nehmen. Deshalb wird er mir alles und nichts nehmen. Alle Wahrheit ist ewig, zeigt Spinoza. Der Tod wird mir nur meine Illusionen nehmen.

Diese Art Erfahrung beweist natürlich nichts (jeder Beweis ist relativ – und das Absolute ist per definitionem ohne Beweis), sie sagt nichts über die Existenz oder Nichtexistenz Gottes aus. Außerdem stellte sich die Frage in den Momenten, die ich erlebte, nicht. Andere haben, das weiß ich wohl, anderes erlebt: Begegnung, Ekstase, Liebe... Sollen sie darüber sprechen, wenn sie wollen, wenn sie können. Es ist sicher kein Zufall, dass Mystiker oft Probleme mit ihrer Kirche hatten, sofern sie einer angehörten. Al Halladj wurde lebendig verbrannt, Meister Eckhart oder Fénelon wurden vom Papst mit einem Bann belegt... Da geht es nicht nur um Missverständnisse. Père de Lubac, ein französischer Jesuit, erläutert das in seinem Vorwort zu einem großen Gemeinschaftswerk über »Mystik und Mystiker«. Der Mystiker, schreibt er dort, sei das Gegenteil des Propheten: »Der Prophet empfängt und übermittelt das Wort Gottes, dem er im Glauben anhängt; der Mystiker ist empfänglich für ein inneres Licht, das ihn des Glaubens enthebt. Zwischen diesen beiden muss man wählen.« Denn »die Mystik zerfrisst den Mythos. Der Mystiker verzichtet schließlich ganz darauf, verwirft ihn wie eine leere Muschelschale, bleibt aber nachsichtig gegenüber jenen, die ihn noch brauchen.« Welche Kirche könnte das dulden? Welche Offenbarungsreligion? Um Emil Brunner zu zitieren: »Evangelium oder

Kontemplation – die Mystik oder das Wort.« Das Schweigen oder das Wort. Erfahrung oder Glaube. Meditation oder Gebet.

Die Idee eines atheistischen Mystikers bzw. einer atheistischen Mystik ist aus diesem Grunde keineswegs absurd, wie Père de Lubac schreibt, sondern wird zu einer Art Selbstverständlichkeit, die sich dem Denken aufdrängt und außerdem von historischen Beobachtungen bestätigt wird (im Orient allerdings häufiger als im Okzident). »Im letzten Stadium seiner Verwirklichung«, fährt unser Jesuit fort, »ist der Naturmystizismus naturalistisch, zu einem ›reinen Mystizismus‹ geworden. Und da er kein Objekt mehr anerkennt [ich würde sagen: kein transzendentes Objekt], beruht er schließlich auf einer vermuteten mystischen Eingebung, die uns die tiefste Form des Atheismus zu sein scheint.« Na und? Schon Leibniz bemerkte in einem Brief aus dem Jahre 1695, man finde bei den Mystikern äußerst gewagte Passagen, die fast zum Atheismus tendierten. Der Philosoph Alexandre Kojève sieht das noch radikaler. In seinem *Essai d'une histoire raisonnée de la philosophie païenne* schreibt er: »Jede wahre Mystik ist eigentlich mehr oder weniger atheistisch.« Auch wenn das vielleicht etwas übertrieben formuliert ist, enthält es etwas Wichtiges, das uns zum Anfang des Kapitels zurückbringt: dass nämlich Religion und Spiritualität zweierlei sind. Selbst die mystische Erfahrung, in der beide gipfeln können, verbietet es, sie zu verwechseln.

Nietzsches Satz »Ich bin ein Mystiker und ich glaube an nichts« ist bekannt. Das ist weniger widersprüchlich, als es scheint. Der Mystiker erkennt sich in einer bestimmten Art von Erfahrung wieder, dem Erleben von Evidenz, Fülle, Einfachheit, Ewigkeit ... Das lässt wenig Raum für den Glauben.

Er sieht. Wozu braucht er Dogmen?

Es ist alles da. Was braucht er noch zu hoffen?

Er ist in der Ewigkeit. Worauf soll er warten?

Er ist schon erlöst. Wozu braucht er den Glauben?

Dem Mystiker, ob gläubig oder nicht, fehlt auch Gott nicht mehr. Aber ist ein Gott, der einem nicht fehlt, noch ein Gott?

Möge sich jeder sein Urteil darüber bilden. Wofür ich persönlich Zeugnis ablegen kann, ist, dass Atheist zu sein nicht daran hindert, seinen Geist zu benutzen, ihn zu genießen und sich darüber zu freuen, auch an jenem höchsten Punkt, an dem dieser sich selbst schweigend aufhebt.

Wenn Gott nicht mehr fehlt, was bleibt dann? Die Fülle des Seienden, die weder Gott noch Subjekt ist.

Wenn Vergangenheit und Zukunft uns nicht mehr von der Gegenwart trennen, was bleibt dann? Die Ewigkeit – das ständige Jetzt des Wirklichen und Wahren.

Wenn das Ego oder das Geistige uns nicht mehr vom Wirklichen trennen, was bleibt dann? Die schweigende Einheit des Ganzen.

Gott, sagte ich zu Beginn, ist das Absolute in Aktion und in Person. Selbstverständlich habe ich denjenigen, die daran glauben, nichts vorzuwerfen. Aber was ich erlebt habe, in jenen besonderen Momenten, ist etwas ganz anderes, das mir sogar die Sehnsucht nach Gott genommen hat. Gott ist das ganz Andere (Transzendenz) – ich war im großen Ganzen (Immanenz). Gott ist ein Subjekt – es gab überhaupt kein Subjekt mehr. Gott ist das Wort – es gab nur noch Schweigen. Gott ist Richter und Erlöser – es gab niemanden mehr zu richten oder zu erlösen.

Wir sind vom Absoluten oder der Ewigkeit nur durch

uns selbst getrennt, das ist es, was ich glaube und was ich – manchmal – gefühlt und erfahren habe (wenn das Ego nicht mehr da ist, bleiben Bewusstsein und Körper; das reicht bei weitem für eine Erfahrung oder ist vielmehr die wahre Erfahrung), was ich als Philosoph zu begreifen versuchte und was mich rückblickend freut und wenigstens teilweise beruhigt.

Das ist kein Trost. Das Ego bleibt untröstlich, solange es da ist, und wenn es nicht mehr ist, gibt es keinen mehr, der getröstet werden müsste. Aber es ist eine Ruhe, ein Friede, wie die Erinnerung an ein ewiges Glück (solange es dauert), wie die Ankündigung eines schon verwirklichten Heils, trotz Angst oder Erschöpfung, trotz Leid oder Schrecken. Die Hölle und das Himmelreich sind eins, und das ist die Welt. Aber nur für das Ego gibt es eine Hölle und für den Geist ein Himmelreich.

Nāgārjuna hat dafür die berühmte und meines Erachtens wichtigste Formel in der ganzen Geschichte der Spiritualität geprägt: »Wenn du zwischen Samsāra und Nirvāna unterscheidest, bist du im Samsāra.« Wenn du unterscheidest zwischen deinem Leben, wie es ist – enttäuschend, erschöpfend, beängstigend –, und dem Heil, bist du in deinem Leben, wie es ist. Wenn du unterscheidest zwischen Ewigkeit und Zeit, bist du in der Zeit. Wenn du unterscheidest zwischen absolut und relativ, bist du im Relativen.

Und wenn du diese Unterscheidung nicht mehr triffst, oder besser, wenn sie dich nicht mehr trifft? Dann fehlt dir Gott auch nicht mehr, dann belastet dich das Ego nicht mehr. Dann fehlt nichts mehr, alles ist da, alles ist wahr, alles ist ewig, alles ist absolut (Prajnānpad: »Das Relative relativ sehen heißt im Absoluten sein«), und nichts, nicht einmal du, trennt dich davon.

Es gibt nur noch das große Ganze, und die Namen, die man ihm gibt oder verleiht, besagen das Gleiche: das Unbegrenzte (Anaximander), das Werden (Heraklit), das Sein (Parmenides), das Tao (Lao Tse), die Natur (Lukrez, Spinoza), die Welt (»Die Welt ist alles, was der Fall ist«, sagt Wittgenstein), das Wirkliche ohne Subjekt und Zweck (Althusser), das Eine-ohne-Zweites (Prajnānpad), die Gegenwart oder das Schweigen (Krishnamurti) – das Absolute in Aktion und ohne Person.

Eine solche Erfahrung bleibt für die meisten von uns die Ausnahme. Viele haben sie anscheinend nie erlebt; andere, wie ich, nur ein paar Mal... Zu wenig für eine Spiritualität? Wahrscheinlich. Aber genug für eine Ahnung davon und Lust darauf, sie zu erläutern, ihr eine Richtung zu geben, sie als Ziel zu sehen, solange ein solches notwendig ist, oder als Kriterium. Das ist wie ein Fluchtpunkt in einem perspektivischen Gemälde, ein unbedeutender, unsichtbarer Punkt, der dem Ganzen Organisation und Sinn gibt. Dieser Punkt ist das Absolute (die Ewigkeit, das Schweigen usw.) – sofern man es nicht erreicht hat –, das Relative das Bild. Das ist aber allenfalls eine Metapher; in der Wirklichkeit sind beide eins. Diese Einheit scheint die mystische Erfahrung manchmal zu erreichen; an den anderen Tagen begnügt sich die Spiritualität mit dem Streben danach. Das ist nicht nichts, oder besser gesagt, schon sehr viel. Es ist selten und wunderbar, Mysterium und Evidenz zusammen zu erleben, Fülle und Einfachheit, Einheit und Ewigkeit, Schweigen und Gelassenheit, Annahme und Unabhängigkeit... Es ist ein Gipfel des Lebens, den man nur ausnahmsweise erreicht. Ausgeschlossen, es sich dort bequem zu machen wie in einem Sessel oder darüber zu verfügen wie über eine Ressource oder ein Kapital. Doch wer auch nur ein einziges Mal dahin gelangt, begreift im selben Augenblick, dass er nie woanders war und auch nie wieder wegmuss; dass das Absolute und das Relative, das Heil und die Suche danach, das Ziel und der Weg eins sind; dass der Gipfel des Lebens nichts anderes ist als das Leben selbst in seiner Wahrheit oder (das läuft aufs Gleiche hinaus) in seiner Ewigkeit. Spinoza ist (wenigstens im Abendland) unerreicht: »Die Seligkeit ist nicht der Lohn der Tugend, sondern die Tugend selbst.« Diese Tugend ist keine Pflicht, sondern Befreiung, kein Ideal, sondern Fülle, keine Askese, sondern Glück. Das Leben in Aktion und in Wahrheit.

Im Orient wird das oft schlichter ausgedrückt, etwa in diesem bekannten Haiku:

Ich hacke Holz
Ich schöpfe Wasser
Das ist wunderbar.

Man ist nur ausnahmsweise in der Ewigkeit oder besser, man ist sich nur ausnahmsweise dessen bewusst, dass man es ist. Aber wer von uns hatte noch nie Augenblicke der Achtsamkeit, der wenigstens teilweisen Fülle, des Friedens, der Einfachheit, der Frische, der Leichtigkeit, der Wahrheit, der Gelassenheit, der Gegenwart, der Annahme, der Freiheit? Das ist der Weg, auf dem wir sind (der Weg der Spiritualität – der Geist als Weg) und auf dem wir vorankommen sollten.

Diejenigen, die ihn nur ein einziges Mal bis zum Ende gegangen sind, wissen, dass er nirgendwo anders hinführt als genau dahin, wo wir schon sind; dass das Absolute nicht das Ziel ist (oder nur wenn man es noch nicht erreicht hat), sondern der Weg.

Das hindert sie nicht daran, im alltäglichen Leben weiterzugehen, so gut sie können, auf demselben Weg wie alle anderen. Dieser Weg ist die Spiritualität, *sub specie temporis,* unter dem Gesichtspunkt der Zeit, wie Spinoza sagen würde. Wo die mystische Erfahrung stattfindet, im Raum eines Augenblicks, ist der Weg selbst, aber dann *sub specie aeternitatis,* unter dem Gesichtspunkt der Ewigkeit. Spiritualität des Alltags – Mystik der Ewigkeit.

»Man kann dem Wind nicht befehlen«, sagt Krishnamurti, »aber man sollte das Fenster offen lassen.« Das Absolute ist der Wind, der Geist ist das Fenster.

Innerlichkeit und Transzendenz, Immanenz und Offenheit

Sehr vereinfacht gesagt, kann man zwischen zwei grundlegenden Vorstellungen von religiöser Spiritualität unterscheiden: Spiritualität als Innerlichkeit – das ist der Geist der romanischen Kirchen – oder als Vertikalität – das ist der Geist der gotischen Kathedralen. Das ist keineswegs unvereinbar. Die Religion wird durch diese Dualität von innen strukturiert und bezieht daraus einen Teil ihrer Kraft. »Gott innerlicher in mir als ich selbst«, sagte Augustinus, und doch höher als der Himmel...

Das sagt mir immer weniger. Ich misstraue dieser Höhe, die alles erdrückt, aber auch der Innerlichkeit, der Innigkeit und dem »Ich selbst«. Ich glaube lieber an Spiritualitäten, die uns der Welt öffnen, den anderen, allem. Es geht nicht um die Erlösung des Ichs, das will ich noch einmal betonen, sondern um die Befreiung von ihm. Es geht darum, sich nicht in seiner Seele einzuschließen, sondern im Universum zu sein. Das ist der Geist Buddhas (kein Selbst, weder Atman noch Brahman), der Geist Spinozas (keine andere Freiheit in mir als die Wahrheit, die alles ist). Es ist der Geist schlechthin. Öffnet die Fenster! Öffnet das Ego (bis es »ein so weiter Kreis ist, dass es nichts mehr umschließen kann«, sagt Prajnānpad, »ein Kreis mit unendlichem Radius, eine gerade Linie«). Der Geist ist diese Öffnung (ja, »offen ins

Offene«, wie Rilke sagte), kein gemütlicher oder engstirniger Rückzug ins »Innenleben«.

Wie könnte ich das Absolute enthalten? Es enthält mich. Ich kann es nur erreichen, indem ich aus mir heraustrete.

Im Grunde ist es das, was die Phänomenologen »Intentionalität« nennen. »Jedes Bewusstsein ist das Bewusstsein von etwas«, sagte Husserl, denn, wie Sartre in seinem Essay über Husserl schreibt: »Das Bewusstsein hat kein ›Drinnen‹; es ist nichts als das Draußen seiner selbst.« Und damit das Gegenteil dessen, was Sartre »Verdauungsphilosophie« nennt, die Philosophie der Innerlichkeit, der Spiritualisten, die »überall nur einem feuchten und ach so vornehmen Nebel begegnen: sich selbst«. Und weiter: »Jetzt endlich sind wir befreit [ich zitiere wild durcheinander] vom ›Innenleben‹, von den geschlossenen Fensterläden, von den schwülen Intimitäten der Verdauung und der Verhätschelung des Privaten, weil letztendlich alles draußen ist, alles, auch wir selbst: draußen, in der Welt, unter den anderen.«

Alain ging, ohne von Intentionalität zu sprechen, ohne Husserl (wenigstens damals noch) gelesen zu haben, weit vor Sartre in dieselbe Richtung. Zum Beispiel in seinem wunderbaren Jugendwerk, das so lange unveröffentlicht blieb, den *Cahiers de Lorient:* »Das Denken darf kein anderes Bei-sich haben als das ganze Universum; erst dann ist es frei und wahr. Außer sich! Draußen! Das Heil liegt in der Wahrheit und im Sein.« Das sagt deutlich genug, dass das Denken nicht in mir ist. Spiritualität ist das Gegenteil von Introspektion. Man sollte sein Leben nicht mit der Betrachtung seines Nabels, seines Unbewussten oder seiner Seele verbringen! Es gibt kein Innenleben, erklärt Alain, oder es ist schlecht. Die Innenwelt ist traurig und langweilig: »Eine traurige Welt ist diese Welt. Eine traurige Sache, so ein Ich, in dem das Sein wohnen soll. Welch grandiose Garnison! Wie kann ich denn das alles unterbringen? Immer kommt noch was. Das Haus füllt sich; die Armee der Schmerzen ist unerschöpflich. Gedränge, Gestank, Ekel. Öffnen wir das Fenster. Neues Elend – jetzt kommt es auch durch das Fenster. Das Fenster muss das Haus verschlucken, weißt du. Nur im Universum hält es das Universum. Genug! Ich habe genug von meinem Traum; ich will in den Traum Gottes gehen!«

Aber es gibt keinen Gott. Es gibt nur einen Traum ohne Träumer oder einen, der alle enthält, und das ist die Welt, zu der man nicht kommt, wenn man nicht erwacht.

Erwachen – Befreiung. Das ist dasselbe. Zum Universellen, zum Wahren (zum Wahren, also zum Universellen) gelangt man nur, indem man sich von sich selbst befreit. »Für die Erwachten«, sagte Heraklit, »gibt es nur eine einzige Welt, die ihnen gemeinsam ist; jeder Schlafende hat seine eigene Welt, wohin er ständig zurückkehrt wie in ein Bett oder einen Traum, dessen Gefangener er ist. Das Ich ist dieser Traum. Die Wahrheit dieses Erwachen.«

Das spirituelle Leben ist das Leben des Geistes, habe ich zu Beginn des Kapitels geschrieben. Aber nur, muss man hinzufügen, soweit es ihm gelingt, sich – wenigstens ein bisschen, wenigstens ab und zu – vom Ich, vom »Ichlein«, wie Kant sagte, zu befreien, von dessen kleinen Schaudern, kleinen Bitternissen, kleinen Interessen, kleinen Sorgen, kleinen Enttäuschungen, kleinen Hoffnungen, kleinen Gefälligkeiten, kleinen Eitelkeiten... »Für sich sterben«, sagen manche Mystiker, doch das ist ein zu großes Zugeständnis an den Todestrieb (bei Simone Weil zum Beispiel). »Mehr leben«, würde ich eher sagen, endlich leben, statt auf das Leben zu hoffen, und deshalb aus sich herausgehen, so weit man kann. Nicht für sich sterben, sondern sich dem Leben öffnen, dem Wirklichen, allem. Was gibt es Langweiligeres als das Ich? Was gibt es Begrenzteres? Was gibt es Nichtigeres? Die Wirklichkeit ist so viel interessanter, so viel größer, so viel abwechslungsreicher! Die ganze Welt ist da, sie bietet sich an, erkannt, verwandelt und geliebt zu werden. Die Menschen, die ein Teil davon sind, haben ihre Dienste, ihren Respekt, ihr Durchhalten anzubieten. Der Weise verlangt nicht mehr. Bescheiden begnügt er sich mit dem Ganzen.

Aber es gibt keine Weisen. Wir alle haben Momente der Weisheit – ebenso wie Momente des Wahnsinns, des Egoismus, der Kleinlichkeit. Nur die Wahrheit befreit uns von diesen und führt zu jenen, und zwar, je schlichter sie ist, desto besser. Die Wahrheit hat kein Ego. Wie sollte sie egoistisch sein? Wie kann das Ego wahr sein? Das Ich erkennen heißt, es aufzulösen. Hierin treffen sich Humanwissenschaften und Strukturalismus (wie Claude Lévi-Strauss gezeigt hat) mit den uralten Lehren der Weisheitsschulen. Die Wahrheit des Subjekts ist kein Subjekt. Wie kann ein Subjekt die Wahrheit sein? Der Weise hat kein Ego. Wie kann ein Ego weise sein?

Das Ich ist nichts als die Gesamtheit der Illusionen, die es sich über sich selbst macht. Aber man kann da heraus (durch Wissen, durch Tun), und das nennt man Geist. »Der Weise kennt sich selbst«, sagt Lao Tse. Er weiß auch, dass er nicht weise ist. Jede Wahrheit ist universell. Wie könnte sie mein Eigentum sein? Das Universum enthält mich. Wie könnte ich es, selbst im Denken, enthalten?

Die Wahrheit ist zu groß für mich – oder das Ich zu klein für sie. Die Kleinheit nenne ich Ego. Die Größe nenne ich Geist. Das Ego ist versklavt und führt zur Sklaverei; der Geist aber ist frei und befreit.

Elend des Menschen – Größe des Menschen, sagte Pascal... Elend des Ichs – Größe des Geistes, sage ich. Dafür muss man nicht an Gott oder an die Erbsünde glauben! Die Natur, zu der auch die Kultur gehört, reicht zur Erklärung aus. Die Wahrheit (die das Ich enthält, aber vom Ich nicht enthalten wird) reicht aus. Alles genügt – weil es nichts anderes gibt.

Spiritualität der Immanenz eher als der Transzendenz, und Öffnung eher als Innerlichkeit.

Ich liebe die romanischen Kirchen. Ich bewundere die gotischen Kathedralen. Aber die Menschen, die sie erbaut haben, und die Welt, die sie enthält, lehren mich mehr.

Schluss: Liebe, Wahrheit

Es war – in Bezug auf Gott – meine erste eigene Idee, ein bisschen naiv vielleicht, wie es sich für erste Ideen gehört, aber sie hat mich lange begleitet. Ich muss damals fünfzehn oder sechzehn Jahre alt gewesen sein. Es war an einem trüben, regnerischen Tag, vermutlich einem Sonntag. Ich stand allein in meinem Zimmer am Fenster, die Stirn an die Scheibe gelehnt. Ich sah den Regen in den Garten fallen, auf die umliegenden Dächer, den ganzen Vorort... und fand alles eitel. War alles leid. Aber ich hatte Salomo noch nicht gelesen. Ich sagte nur einfach zu mir selbst, was mich so verblüffte, dass ich es gleich in dem Heft notierte, das mir als intimes und spirituelles Tagebuch diente: »Entweder – oder: Entweder Gott existiert, und nichts ist von Bedeutung. Oder Gott existiert nicht, und nichts ist von Bedeutung.«

Es gab keinen Ausweg. Das ist die Logik des Absoluten, wenn man es dem Relativen entgegensetzt: Alles, was nicht Gott ist, ist nichts oder minderes Sein. Wir leben in einer finsteren Höhle, sagt Platon, und nehmen nur Schatten wahr. Und Pascal, wunderbar wie immer: Das Leben ist ein Traum, nur etwas weniger unbeständig. Logik der Transzendenz – Logik der Religion mit ihrer Noblesse, ihrer Größe, die aber manchmal zum Fanatismus führen kann. Was wiegt ein Menschenleben auf der Waage des Absoluten?

Es lag weder an meinem Temperament noch am Zeitgeist, mich zog einfach die andere Seite mehr an oder besser deren Abgrund. Logik der Immanenz, Logik der Verzweiflung, Logik des Nihilismus, den Nietzsche so gut analysiert hat: Konzentriert man allen Wert und alle Wirklichkeit in Gott, dann findet man ohne ihn eine leere, nichtige Welt vor, wertlos, freudlos, sinnlos ... »Was bedeutet Nihilismus?«, fragt Nietzsche und antwortet: »Dass die obersten Werte sich entwerten. Es fehlt das Ziel; es fehlt die Antwort auf das ›Warum?‹« Das ist die Ebbe des Lebens: Herz und Geist auf dem Tiefststand. Ich sollte Jahre brauchen, um mich davon zu erholen, die Freude am Wirklichen, an der Lust, am Tun wiederzufinden – oder besser gesagt zu lernen –, und wenigstens intellektuell Verzweiflung in Glück und Immanenz in Weisheit zu verwandeln.

Ich habe nicht umsonst Philosophie betrieben. In Erinnerung an diese triste Formel meiner Jugend möchte ich heute lieber das Gegenteil davon sagen: »Entweder Gott existiert, dann ist alles von Bedeutung; oder Gott existiert nicht, dann ist alles von Bedeutung...« Das hieße allerdings zu weit gehen oder, besser gesagt, das Wesentliche verschleiern: dass es keine Bedeutung an sich gibt, sondern nur im Verhältnis zur Aufmerksamkeit oder zur Liebe, die man einem Gegenstand zuwendet. Das ist das Prinzip, das ich weiter oben als Relativismus beschrieben habe. Nicht weil etwas gut ist, begehren wir es, erklärt Spinoza, sondern umgekehrt: Weil wir es begehren, halten wir es für gut. So ist auch, meine ich, der Geist der Liebe: Nicht der Wert des Objekts rechtfertigt die Liebe, sondern die Liebe verleiht dem Geliebten Wert.

Außerdem kann ein Wert nichts anderes als relativ sein – entsprechend der Liebe, die wir für ihn hegen. Hier treffen sich Relativismus, Atheismus und Bekenntnis: Die Liebe ist der höchste Wert, weil ihr durch sie allein Wert zukommt (Bekenntnis), ohne dass ich die Liebe für das Absolute halte (weil sie nur für den Liebenden gilt – Relativismus), also auch nicht für Gott (Atheismus).

Das entfernt mich von den Nihilisten mindestens ebenso weit wie von den Gläubigen. Das Absolute ist, glaube ich, nicht Gott, noch liebt es uns. Das ist aber kein Grund, nicht mehr in ihm zu sein, wenn auch relativ, oder darauf zu verzichten, es zu lieben.

Zitieren wir ein letztes Mal Pascal: »Die Wahrheit ohne die christliche Liebe ist nicht Gott.« Dem stimme ich zu. Es trennt uns und nähert uns gleichzeitig einander an. An Gott glauben heißt, an eine unendlich liebende und daher unendlich zu liebende Wahrheit zu glauben. Atheist sein heißt zu denken, dass die Wahrheit weder uns noch sich selbst liebt. Das nenne ich Verzweiflung. Aber wer sagt denn, dass man nur zurücklieben kann (unter der Bedingung, geliebt zu werden)? Die Bibel jedenfalls nicht. Das ist die Wahrheit von Golgotha: Die Liebe, auch wenn sie gekreuzigt wird, ist mehr wert als der siegreiche Hass.

Das ist es, was uns vereint: der Raum von Kommunion und Bekenntnis. Metaphysik und Religion sind das Trennende, und auch das müssen wir annehmen. »Mein Gott, mein Gott, warum hast du mich verlassen?« Weil er nicht existiert, erwidert der Atheist. Weil die Wahrheit nicht Gott ist, weil sie uns nicht liebt, weil die Liebe nicht allmächtig ist, weil die Liebe nur Liebe ist, wenn sie Fleisch wird und sterblich... Das kann man Tragik nennen oder Endlichkeit, beides gehört zum Leben des Menschen, besonders für den Atheisten, stellt aber nur einen Moment dar. Das Wesentliche ist anderswo: in der Liebe (also der Freude) und der Wahrheit (also dem Universellen), deren wir fähig sind. Das ist die einzige Weisheit. Das ist der einzige Weg. Was ist Spiritualität? Es ist unsere endliche Beziehung zum Unendlichen oder Unermesslichen, unsere zeitliche Erfahrung der Ewigkeit, unser relativer Zugang zum Absoluten. Dass diese Begegnung Freude bereitet, wird von allen Zeugnissen bestätigt, und das gibt nicht der Verzweiflung, sondern im Gegenteil der Liebe recht. »Lieben«, sagte Aristoteles, »heißt Freude.« Und Spinoza: »Die Liebe ist die Fröhlichkeit in Begleitung der Vorstellung einer äußeren Ursache derselben.« Dass die Wahrheit ohne Liebe ist, verdammt die Liebe nicht dazu, ohne Wahrheit zu sein (weil es wahr ist, dass wir lieben), noch hält es uns davon ab, die Wahrheit zu lieben. Die Freude, zu wissen (vergänglich wie jede Freude, ewig wie jede Wahrheit), ist – im Hier und Jetzt – unser einziger Zugang zum Heil, zur Weisheit, zur Seligkeit. Das ist die wahre Liebe zum Wahren.

Hier verdichtet sich alles, ohne sich zu vermischen.

Bekenntnis zum Wahren – Rationalismus (Ablehnung der Sophistik).

Bekenntnis zur Liebe – Humanismus (Ablehnung des Nihilismus).

Bekenntnis zum Unterschied zwischen beidem – Atheismus.

Wahrheit ist nicht Liebe (wenn die Wahrheit sich selbst liebte, wäre sie Gott); aber Liebe ist – manchmal – wahr (aber nur insoweit absolut, als wir wahrhaftig lieben). Das ist Pfingsten für die Atheisten oder der wahre Geist des Atheismus: Kein Heiliger Geist kommt über uns, sondern der Geist öffnet sich (der Welt, den anderen, der verfügbaren Ewigkeit) und freut sich. Nicht das Absolute ist die Liebe; aber die Liebe öffnet uns manchmal dem Absoluten.

Deshalb führt die Ethik zur Spiritualität, ohne ihr jedoch zu genügen, wie die Spiritualität zur Ethik führt, ohne an ihre Stelle zu treten.

Vielleicht kommen Weise und Heilige hier zusammen, an diesem Gipfel.

Die Liebe schenkt Leben, nicht die Hoffnung; die Wahrheit befreit, nicht der Glaube.

Wir sind schon im Paradies: Ewigkeit ist jetzt.

Danksagung

Die Freunde, die mich ermutigt und begleitet haben, haben viel für dieses Buch getan: Nancy Huston, ohne die es gar nicht zustande gekommen wäre, Antoine Audouard, Marcel Conche, Susanna Lea, Patrick Renou, Sylvie Thybert, Tzvetan Todorov, Isabelle Vervey und Marc Wetzel. Ihnen möchte ich danken. Auch die vielen öffentlichen Debatten, an denen ich teilgenommen habe, haben zu dem Buch beigetragen. Zwei der dort aufgeworfenen Fragen wurden zum Gegenstand einer Veröffentlichung: *A-t-on encore besoin d'une religion?* mit Bernard Feillet, Alain Houziaux und Alain Rémond (Éditions de l'Atelier, 2003) und *Dieu existe-t-il encore?* mit Philippe Capelle (Le Cerf, 2005). Ich danke ihnen allen für die anregenden Gespräche, die teilweise Eingang in dieses Buch gefunden haben.

Nachweis der zitierten Übersetzungen

Émile Durkheim wird in der Übersetzung von Ludwig Schmidts zitiert, Frankfurt am Main 1981; Michel de Montaigne nach Hans Stilett, Frankfurt am Main 2002; Pascal nach Ulrich Kunzmann, Stuttgart 1997; René Descartes nach Johann Hermann von Kirchmann und Heinz-Jürgen Steffen, Essen 1996; Benedictus de Spinoza nach Johann Hermann von Kirchmann und Alexander Heine, Essen 1996; Albert Camus, *Der Fremde,* nach Georg Goyert und Hans Georg Brenner, Reinbek bei Hamburg 1961; Albert Camus, *Sommer in Algier,* nach Peter Gan, Zürich 1954; Albert Camus, *Licht und Schatten,* nach Guido G. Meister, Reinbek bei Hamburg 1961.

Alle anderen Zitate wurden von Brigitte Große übersetzt.

Bitte beachten Sie auch
die folgenden Seiten

Dichter und Denker im Diogenes Verlag

● **Angelus Silesius**
Der cherubinische Wandersmann
Geistreiche Sinn- und Schlußreime. Herausgegeben und mit einem Nachwort von Erich Brock

● **Georg Büchner**
Werke und Briefe
Dantons Tod / Lenz / Leonce und Lena / Woyzeck / Über Schädelnerven / Briefe. Herausgegeben und mit einem Vorwort von Franz Josef Görtz. Mit einem Nachwort von Friedrich Dürrenmatt

● **Anton Čechov & Marc Aurel**
Wie soll man leben?
Anton Čechov liest Marc Aurel. Herausgegeben, aus dem Russischen und mit einem Vorwort von Peter Urban

● **Ida Cermak**
Ich klage nicht
Begegnungen mit der Krankheit in Selbstzeugnissen schöpferischer Menschen: Pascal, Heine, Gorki, Jaspers, Freud, Katherine Mansfield, Proust, Rilke, Kafka, Novalis, Nietzsche, Ernst Jünger, Goethe u.a.

● **Paulo Coelho**
Handbuch des Kriegers des Lichts
Aus dem Brasilianischen von Maralde Meyer-Minnemann

● **Dalai Lama**
Ratschläge des Herzens
Aufgezeichnet und mit einem Vorwort von Matthieu Ricard. Aus dem Französischen von Ingrid Fischer-Schreiber

Mitgefühl und Weisheit
Ein Gespräch mit Felizitas von Schönborn. Mit einem Vorwort des chinesischen Dissidenten und Bürgerrechtlers Wei Jingsheng

● **Luciano De Crescenzo**
Geschichte der griechischen Philosophie I
Die Vorsokratiker. Aus dem Italienischen von Linde Birk

Geschichte der griechischen Philosophie II
Von Sokrates bis Plotin. Deutsch von Linde Birk

● **Friedrich Dürrenmatt**
Philosophie und Naturwissenschaft
Essays, Gedichte und Reden

Politik
Essays, Gedichte und Reden

Zusammenhänge
Essay über Israel. Eine Konzeption/
Nachgedanken
unter anderem über Freiheit, Gleichheit und Brüderlichkeit in Judentum, Christentum, Islam und Marxismus und über zwei alte Mythen. 1980. Mit Personen- und Werkregister

● **Meister Eckehart**
Deutsche Predigten und Traktate
Herausgegeben und übersetzt von Josef Quint

● **Ralph Waldo Emerson**
Repräsentanten der Menschheit
Sieben Essays. Aus dem Amerikanischen von Karl Federn. Mit einem Nachwort von Egon Friedell

Von der Schönheit des Guten
Betrachtungen und Beobachtungen. Ausgewählt, übertragen und mit einem Vorwort von Egon Friedell. Mit einem Nachwort von Wolfgang Lorenz

● **Erasmus von Rotterdam**
Das Lob der Narrheit
Mit vielen Kupfern nach Illustrationen von Hans Holbein und einem Nachwort von Stefan Zweig

Die Klage des Friedens
Aus dem Lateinischen übersetzt, herausgegeben und mit einem Vorwort versehen von Brigitte Hannemann

Vertrauliche Gespräche
Aus dem Lateinischen übersetzt, herausgegeben und mit einem Vorwort versehen von Kurt Steinmann

Nicolas Gfeller
Kleine Geschichte der Ethik
von Buddha bis Ernst Bloch. Mit zahlreichen Abbildungen

Baltasar Gracián
Hand-Orakel und Kunst der Weltklugheit
Aus dem Spanischen von Arthur Schopenhauer. Mit einem Nachwort von Hugo Loetscher

Homer
Ilias
Aus dem Griechischen von Johann Heinrich Voss. Herausgegeben von Peter Von der Mühll. Mit einem Nachwort von Egon Friedell

Odyssee
Deutsch von Johann Heinrich Voss. Herausgegeben von Peter Von der Mühll. Mit einem Nachwort von Egon Friedell

Immanuel Kant
Denken mit Immanuel Kant
Eine Einführung in die Gedankenwelt des Vaters der modernen Philosophie von Wolfgang Kraus. Mit einem Essay von Otto A. Böhmer

Hartmut Lange
Irrtum als Erkenntnis
Meine Realitätserfahrung als Schriftsteller

Lao Tse
Tao-Te-King
Neu ins Deutsche übertragen von Hans Knospe und Odette Brändli. Mit einem Nachwort von Knut Walf

Ludwig Marcuse
Philosophie des Glücks
Von Hiob bis Freud. Vom Autor revidierter und erweiterter Text nach der Erstausgabe von 1948. Mit Register

Mein zwanzigstes Jahrhundert
Auf dem Weg zu einer Autobiographie. Mit Personenregister

Nachruf auf Ludwig Marcuse
Autobiographie II

Obszön
Geschichte einer Entrüstung

Wie alt kann Aktuelles sein?
Literarische Porträts und Kritiken. Herausgegeben, mit einem Nachwort und einer Auswahlbibliographie von Dieter Lamping

Helmuth James Graf von Moltke
Letzte Briefe
aus dem Gefängnis Tegel 1945 / Bericht aus Deutschland im Jahre 1943. Mit einer Einführung von Freya von Moltke

Michel de Montaigne
Essais
nebst des Verfassers Leben nach der Ausgabe von Pierre Coste. Deutsch von Johann Daniel Tietz. Nachwort von Winfried Stephan

Michel de Montaigne & Mathias Greffrath
Montaigne heute
Leben in Zwischenzeiten. Herausgegeben, aus dem Französischen und mit einem Vorwort zur Neuausgabe von Mathias Greffrath

Friedrich Nietzsche
Denken mit Friedrich Nietzsche
Ausgewählt, herausgegeben und mit einem Vorwort von Wolfgang Kraus

Gedichte
Ausgewählt von Anton Friedrich. Mit einer Rede von Thomas Mann

Walter Nigg
Große Heilige
Von Franz von Assisi bis Therese von Lisieux

Friedrich Nietzsche
Mit einem Nachwort von Max Schoch

Das ewige Reich
Geschichte einer Hoffnung

Der Teufel und seine Knechte

Sören Kierkegaard
Dichter, Büßer und Denker

Vom Geheimnis der Mönche
Von Bernhard von Clairvaux bis Teresa von Avila

Des Pilgers Wiederkehr
Drei Variationen über ein Thema

George Orwell
Im Innern des Wals
Erzählungen und Essays. Aus dem Englischen von Felix Gasbarra und Peter Naujack

Rache ist sauer
Essays. Deutsch von Felix Gasbarra, Peter Naujack und Claudia Schmölders

● **Hanspeter Padrutt**
Der epochale Winter
Zeitgemäße Betrachtungen

Und sie bewegt sich doch nicht
Parmenides im epochalen Winter. Mit einem ausführlichen Anhang

● **Laurens van der Post**
C. G. Jung, der Mensch und seine Geschichte
Aus dem Englischen von Gertie Siemsen

● **Ernest Renan**
Das Leben Jesu
Vom Verfasser autorisierte Übertragung aus dem Französischen. Mit einem Nachwort von Stefan Zweig

● **Arthur Schopenhauer**
Gesammelte Werke
Herausgegeben von Arthur Hübscher. 10 Bände in Kassette

Alle Bände auch als Einzelausgaben:

Die Welt als Wille und Vorstellung I
in zwei Teilbänden

Die Welt als Wille und Vorstellung II
in zwei Teilbänden

Über die vierfache Wurzel des Satzes vom zureichenden Grunde / Über den Willen in der Natur
Kleinere Schriften I

Die beiden Grundprobleme der Ethik: Über die Freiheit des menschlichen Willens / Über die Grundlage der Moral
Kleinere Schriften II

Parerga und Paralipomena I
in zwei Teilbänden, wobei der zweite Teilband die ›Aphorismen zur Lebensweisheit‹ enthält

Parerga und Paralipomena II
in zwei Teilbänden

Außerdem erschienen:

Denken mit Arthur Schopenhauer
Vom Lauf der Zeit, dem wahren Wesen der Dinge, dem Pessimismus, dem Tod und der Lebenskunst. Herausgegeben und mit einem Nachwort von Otto A. Böhmer

● **Seneca**
Mächtiger als das Schicksal
Ein Brevier. Herausgegeben und aus dem Lateinischen übertragen von Wolfgang Schumacher

● **Meir Shalev**
Der Sündenfall – ein Glücksfall?
Alte Geschichten aus der Bibel neu erzählt. Aus dem Hebräischen von Ruth Melcer. Mit einem Glossar und einem Namenverzeichnis

● **Alexander Sinowjew**
Ich bin für mich selbst ein Staat
Betrachtungen eines russischen Kosmopoliten. Aufgezeichnet von Adelbert Reif und Ruth Renée Reif. Mit einer vollständigen Bibliographie der Werke von Alexander Sinowjew

● **Andrzej Szczypiorski**
Europa ist unterwegs
Essays und Reden. Aus dem Polnischen von Klaus Staemmler und Winfried Lipscher

● **Teresa von Avila**
Die innere Burg
Herausgegeben und übersetzt von Fritz Vogelsang

● **Thomas a Kempis**
Die Nachfolge Christi
Ein kernhafter Auszug aus ›De imitatione Christi‹. Nach dem lateinischen Urtext bearbeitet und mit Anmerkungen herausgegeben von E.A. Kernwart

● **Henry David Thoreau**
Walden oder Leben in den Wäldern
Essay. Aus dem Amerikanischen von Emma Emmerich und Tatjana Fischer. Mit einem Vorwort von Walter E. Richartz. Mit Anmerkungen, Sach- und Namenregister sowie Chronik

Über die Pflicht zum Ungehorsam gegen den Staat/Civil Disobedience
Essay. Zweisprachige Ausgabe. Deutsch von Walter E. Richartz. Mit einem Nachwort von Manfred Allié, mit Anmerkungen und einer Zeittafel

Vom Spazieren
Essay. Deutsch von Dirk van Gunsteren

● Voltaire

Candide oder der Optimismus
Erzählung. Mit einem Nachwort von Ingrid Peter und einem Essay von Egon Friedell. Aus dem Französischen von Johann Frerking

Denken mit Voltaire
Eine Auswahl aus dem Gesamtwerk. Herausgegeben von Wolfgang Kraus. Auswahl und Übersetzung von Candida Kraus

● Urs Widmer

Die sechste Puppe im Bauch der fünften Puppe im Bauch der vierten
und andere Überlegungen zur Literatur. Grazer Poetikvorlesungen

Das Geld, die Arbeit, die Angst, das Glück.

● Oscar Wilde

Der Sozialismus und die Seele des Menschen
Ein Essay. Aus dem Englischen von Gustav Landauer und Hedwig Lachmann. Frontispiz von Walter Crane

Extravagante Gedanken
Eine Auswahl. Herausgegeben und mit einem Vorwort von Wolfgang Kraus. Auswahl und Übersetzung von Candida Kraus

Lao Tse

Tao-Te-King

Neu ins Deutsche übertragen von Hans Knospe
und Odette Brändli
Mit einem Nachwort von Knut Walf

Das *Tao-Te-King* von Lao Tse dürfte nach der Bibel das am weitesten verbreitete und meistübersetzte Buch sein. Und seitdem die Lehre vom Tao im Westen bekannt geworden ist, hat sie dort Menschen angesprochen und auch politische Wirkungen gezeigt.

»So haben nicht wenige in der Zeit des Nazi-Terrors im *Tao-Te-King* nicht nur Trost, sondern auch Weisung zu politischem Handeln gefunden. In den Flugblättern der *Weißen Rose* wurde Lao Tse häufig genannt und zitiert.
Die Taoisten sind nicht Meister großer oder vieler Worte. Ihre Weisungen sind knapp gehalten, oft bildhaft-konkret, voller Skepsis gegenüber dem menschlichen Erkenntnisvermögen, gegenüber angelerntem Wissen, voll Kritik und Logik.
Die drei gesellschaftlichen Alternativrichtungen unserer Zeit (für Entwicklung, Abrüstung und Umwelt) könnten insbesondere bei Lao Tse manche Anregung und Bestätigung empfangen. Er ist geradezu der Verkünder der Maxime *small is beautiful* und eines einfachen Lebens: ›Ein Land soll klein und dünn besiedelt sein. Sorge dafür, daß die Menschen, obwohl sie genug Waffen für eine Truppe oder ein Bataillon haben, sie nie gebrauchen.‹« *Knut Walf in seinem Nachwort*

Denken mit Immanuel Kant

Eine Einführung in die Gedankenwelt
des Vaters der modernen Philosophie
von Wolfgang Kraus
Mit einem Essay von
Otto A. Böhmer

Immanuel Kant ist nicht nur der größte Philosoph deutscher Sprache, er ist vielleicht der größte Denker aller Zeiten. Ihn zu lesen, so Schopenhauer, komme einer geistigen Wiedergeburt gleich. Diese Auswahl vereinigt die schönsten und grundlegendsten Gedanken Kants und erschließt auf einfache Weise das umfangreiche, ohne Vorkenntnisse schwer zugängliche Gesamtwerk.

»Kant ist der vorzüglichste der neueren Philosophen, ohne allen Zweifel. Er ist auch derjenige, dessen Lehre sich fortwirkend erwiesen hat und die in der deutschen Kultur am tiefsten eingedrungen ist.«
Johann Wolfgang Goethe

»Jeder, der sich der Literatur, wenn auch bloß der schönen, widmen will, sollte Kants Werke studieren.«
Franz Grillparzer

»Es ist großartig, wie er zeigt, daß das Leben ein Miteinander sein muß und kann.« *Ludwig Marcuse*

»Kant brauchen wir nicht als ein Fremdes zu bewundern. Mit ihm können wir leben. Ihm möchten wir folgen.« *Karl Jaspers*

Luciano De Crescenzo im Diogenes Verlag

Luciano De Crescenzo – braucht man ihn noch vorzustellen? – ist jener charmante ehemalige Ingenieur aus Neapel, der mit seiner *Geschichte der griechischen Philosophie,* mit *Also sprach Bellavista* (der auch als Film in den Kinos ein Riesenerfolg war) den deutschen Sprachraum und alle Bestsellerlisten eroberte.

»Der Mann ist eine Wundertüte, die sich, verblüfft über den eigenen Inhalt, unablässig und mit diebischer Freude selbst über die Umwelt ergießt. Je nach Anlaß und Laune präsentiert sich Luciano De Crescenzo als Schriftsteller, Journalist, Filmemacher, Manager oder Spaßvogel.« *Die Weltwoche, Zürich*

Also sprach Bellavista
Neapel, Liebe und Freiheit
Aus dem Italienischen von Linde Birk

oi dialogoi
Von der Kunst, miteinander zu reden
Deutsch von Jürgen Bauer

Geschichte der griechischen Philosophie
Von Thales bis Plotin. Deutsch von Linde Birk
Auch als Diogenes Hörbuch
im MP3-Format erschienen,
gelesen von Sven Görtz

Der Titel ist außerdem
in zwei Teilbänden lieferbar:

Band 1: *Die Vorsokratiker*

Band 2: *Von Sokrates bis Plotin*